Im Schatten der Vergangenheit

Sagenumwobene Stätten zwischen Neckar und Alb

Von Jürgen Meyer

Oertel + Spörer

Die Ratschläge in diesem Buch sind vom Autor sorgsam erwogen und geprüft, dennoch kann eine Garantie nicht übernommen werden.
Eine Haftung des Autors bzw. des Verlages und seiner Beauftragten für Personen-, Sach- und Vermögensschäden ist ausgeschlossen.
Sollten trotz sorgfältiger Recherche heute oder in Zukunft Unstimmigkeiten enthalten sein, bitten wir um ihre freundliche Mitteilung. Sie unterstützen damit in wertvoller Weise unsere Bemühungen, die Inhalte auf dem neuesten Stand zu halten. Der Verlag kann keine Gewähr für Richtigkeit, Vollständigkeit oder Aktualität übernehmen.

Titelbild: Schloss Lichtenstein bei Nacht.
Sämtliche Fotos stammen vom Autor.

Bibliografische Information Der Deutschen Bibliothek

Die Deutsche Bibliothek verzeichnet diese Publikation in der Deutschen Nationalbibliografie; detaillierte bibliografische Daten sind im Internet über http://dnb.ddb.de abrufbar.

Postfach 16 42 · 72706 Reutlingen

Schrift: 9,5/11 p Stone
DTP und Repro: Raff digital GmbH, Riederich
Druck: Oertel+Spörer Druck und Medien-GmbH+Co., Riederich
Bindung: Realwerk G. Lachenmaier, Reutlingen
Printed in Germany
ISBN 3-88627-270-2

Inhalt

Vorwort

Schon mal Schloss Lichtenstein besucht? Sicherlich! Dann ist es für Sie nichts Neues, wenn ich Ihnen sage, dass es in der Umgebung noch weitere Burgen gleichen Namens gibt. Doch wie viele kennen Sie? Zwei oder gar vier? Tja, und wenn es nun aber acht wären?

Haben Sie sich, sofern Sie kein Einheimischer sind, jemals länger, als eine Durchfahrt mit dem Auto Zeit in Anspruch nimmt, in Orten wie Ringingen oder Kohlstetten aufgehalten? Unscheinbare Dörfer? Von wegen! Hier verlief die nördlichste Grenze des römischen Weltreichs!

Wo steht Ihrer Meinung nach das längste antike Bauwerk rechts des Rheins? Wo thronte das beeindruckendste frühzeitliche Monument nördlich der Donau? Wo liegt das größte Heiligtum der Kelten? Wo befindet sich die älteste bekannte Opferstätte der Vorzeit?

Es gibt wohl kaum eine andere Gegend, die so viele bedeutende, aber zugleich auch geschichtlich rätselhafte Orte vorzuweisen hat wie die Region Neckar-Alb. Ausgehend von deren geografischem Mittelpunkt, zufälligerweise meinem Wohnort Belsen, habe ich viele sagenumwobene und doch kaum bekannte Stätten aufgesucht.

Es geht um die Epochen unserer Heimatgeschichte, die „Im Schatten der Vergangenheit" liegen. Angefangen in der verblüffend hoch entwickelten Steinzeit bis hin zu den Wirren des Bauernkrieges. Der Buchtitel ist bewusst zweideutig gewählt. Einerseits meint er die uns nicht überlieferten Geschehnisse von damals, die weitest gehend unbekannt und deshalb im Dunkeln geblieben sind. Andererseits steht das Schattenhafte für eine grausame, dunkle Zeit.

Wenige der vorgestellten Plätze werden Sie kennen oder gar darüber gelesen, geschweige denn sie bereits aufgesucht haben. Sie liegen im Radius von Rottenburg über Römerstein und Riedlingen bis Rottweil und umfassen grob die Landkreise Reutlingen, Tübingen und Zollernalb.

Diese Grenzmarken können Sie aber getrost vergessen. Vielmehr müssen Sie Ihren auf die nähere Umgebung reduzierten Inbegriff von „Heimat" ausdehnen. Ob wir nun weit in die Vergangenheit zurück oder in die weite Ferne hinaus reisen – je mehr wir uns vom Hier und Jetzt entfernen, umso deutlicher treten unsere Gemeinsamkeiten zutage.

Doch hüllt sich um die Altvorderen ein immer dichter werdender Nebel, je weiter wir in der Geschichte unserer Heimatregion zurückgehen. Schriftliche Überlieferungen reißen ab. An ihre Stelle treten Sagen und Legenden. Picken wir immer das jeweilige „Körnchen Wahrheit" heraus? Stumme Funde im verschütteten Erdreich müssen zum „Sprechen" gebracht werden. Gelingt uns das richtig?

Den Schlüssel zu den Rätseln der Geschichte haben uns die Ahnen jedoch hinterlegt – als Flurnamen. Die Deutung von Markungsnamen gehört zu den umstrittensten Arbeiten. Auf Skepsis stoßen auch die unkonventionellen Forschungsmethoden von Rutengängern. Wenn es aber darum geht, die „dunklen Jahrhunderte" ein wenig aufzuhellen, und sei es nur, um Denkanstöße zu geben, muss es legitim sein, auch im Grenzbereich der Naturwissenschaften zu arbeiten. Der Nobelpreisträger Alexis Carrel sagte: „Es ist die Pflicht der Wissenschaft, nicht einfach Fakten beiseite zu schieben, weil sie außergewöhnlich erscheinen, und weil sie sich nicht in der Lage sieht, sie zu erklären."

Jürgen Meyer (Jahrgang 1964) ist Bild-Redakteur beim Reutlinger General-Anzeiger. Seit über zwei Jahrzehnten dokumentiert er mit der Fotokamera Land und Leute in der Region Neckar-Alb. Er ist in Belsen aufgewachsen und lebt auch dort. (Foto: Chris)

Das vorliegende Werk, wie auch die zwei bereits erschienenen Bände „Archäologische Geheimnisse" und „Rätsel der Geschichte", erheben nicht den Anspruch, alle Quellen ausgeschöpft zu haben und damit immer dem letzten Stand der aktuellen Forschung zu entsprechen. Die von mir aufgestellten Thesen sind zwar so gut wie möglich fundiert, müssen aber oft vorerst Vermutungen bleiben. Es obliegt der Wissenschaft, sie zu widerlegen oder zu bestätigen.

Das Buch ist als Sammlung meist kaum mehr bekannter heimatkundlicher Geschichten zu verstehen. Es soll als unterhaltsame und leicht verständlich geschriebene Lektüre Lust auf Geschichte und eigene Entdeckungstouren machen. Deshalb habe ich auf Wegbeschreibungen verzichtet. Fast alle besprochenen Orte sind auf den topografischen Karten (1:25.000) eingezeichnet und somit in jeder Buchhandlung erhältlich.

Jürgen Meyer

Wunder der Natur und Heiligtum der Kelten: Das sechs Meter hohe „Heidentor".

Geheimnisvolle Opfer-Rituale am steinernen „Heidentor"

Liegt das älteste Heiligtum der Kelten zwischen den Gipfeln der Schwäbischen Alb?

Nirgends ist man auf der Schwäbischen Alb dem Himmel näher als hier: Um die tausend Meter türmen sich im Großen Heuberg-Massiv die Berggipfel in die Höhe.[1] In dieser von bewaldeten tiefen Schluchten durchzogenen urtümlichen Landschaft scheint die Zeit seit Jahrhunderten stehen geblieben zu sein.

Wo das Anhausertal mit dem der Bära zusammentrifft, schiebt sich ein spornähnliches Bergplateau (850 m lang, 240 m breit) in imposanten 200 Metern Höhe über das kleine Dorf Egesheim[2] hinaus. Der natürliche Keil zwischen den beiden Tälern ist mit der Hochfläche verbunden, auf der das Dorf Bubsheim[3] liegt. Diese vorspringende Landzunge wird zunächst als „Buchenberg" bezeichnet. Zur Mitte gibt es eine geologisch bedingte Mulde (100 m lang, 50 m tief). Nach Osten hin steigt der Bergausläufer wieder steil an. Hier beginnt die „Oberburg", eine befestigte Höhensiedlung, die vermutlich aus der Zeit von Homers Troia stammt, der späten Bronzezeit um 1300 vor Christus.

Spuren einer Ringburg

In der ältesten bekannten Beschreibung[4] von 1897 heißt es: „Der Westhang der Ringburg zeigt bei einer Höhe von 32 Metern drei verschiedene hintereinander liegende künstliche Einebnungen mit vorliegenden Ravins (Aushöhlungen). Nach oben wird die Böschung steiler. Den Rand krönen zwei hornartig vorgreifende Felspartien. Unmittelbar hinter diesen macht es den Eindruck, als ob hier ein früherer Graben eingeebnet worden wäre. Nach einem weiteren sanft ansteigenden Hang findet man entlang der Nordseite zwei Vertiefungen."

Aus diesen senkrechten Steilhängen ragt zwischen Bäumen versteckt eine eindrucksvolle Felsformation aus den mächtig hohen Klippen der Abbruchkante – das „Heidentor".

„Die Natur hat hier ein Wunder geschaffen", verkündet ein vor hundert Jahren abgefasster Wanderbericht[5], „in diesem mächtigen kühn und fast regelrecht geformten Bogen, der ein unverkennbares wuchtiges Tor bildet. Die Öffnung des weißen Jurafelsen beträgt etwa 20 Fuß in der Höhe und 15 Fuß in der Breite. Der goldene Schein des Abends dringt zitternd durch den Wald auf das graue starre Gestein.

Ein Märchenreich hat sich erschlossen. Die Bäume erzählen von einem zu einem Fels verwandelten Schloss.“

Das sechs Meter hohe und vier Meter breite Felstor ist jedoch nicht der Rest einer einstigen Burg, sondern das klägliche Überbleibsel einer uralten Höhle. „Dieses harte Gestein hat der Arbeit des Wassers getrotzt“, so der örtliche Albvereins-Kulturwart Fritz Schray[6], „als sich die Donau im Laufe der letzten 8 Millionen Jahre in den Albkörper eintiefte und die Nebenflüsse sich auf ihr Niveau einstellten.“ Der Naturforscher Quenstedt hatte die durch Auswaschung entstandenen derartigen Naturbrücken mit „hohlen Zähnen“ verglichen.

Bis vor wenigen Jahren galt das „Heidentor“ lediglich als grandioses Naturdenkmal. Die dort seit der Nachkriegszeit[7] aufgelesenen wenigen Scherbenfunde, die von Tellern, Töpfen und Schüsseln vorwiegend aus der Hallstattzeit (ca. 600 v. Chr.) stammen, interpretierten die Archäologen als „eine begrenzte Siedlungsfläche wenig unterhalb der Hangkante“.[8]

„Heiden“ und andere „Fremdlinge“

Allein die ein Dutzend gefundenen Tonscherben konnten aber nicht zu dem im Volksmund überlieferten Begriff „Heidentor“ geführt haben, der ja viel älter ist. Durch Flur- und Orts-Namen mit dem Zusatz „Heide“[9] bezeichneten unsere mittelalterlichen Vorfahren alles, was sie als fremdartig ansahen, gleich ob Bauten, Gräber oder Lagerstätten.

 Kläglicher Überrest einer Millionen Jahre alten Höhle.

Diese rechneten sie der vorchristlichen, römischen und der darauf folgenden Epoche der Völkerwanderung zu.[10] Nun gibt es drei Möglichkeiten, warum dieser Felsdurchgang in der Bevölkerung seit alters her als heidnischer Ort bezeichnet wurde.

Erstens: Die Bewohner der Gegend machten dort für sie merkwürdige Entdeckungen, die in der Folge zur Bezeichnung „Heidentor" führten.

Zweitens: Die Erinnerung an „unchristliche Vorgänge" hat sich an der Bergkuppe durch Zeitzeugen von Generation zu Generation überliefert.

Drittens: Der abgeschiedene Ort ist auch in nachchristlicher Zeit, vielleicht bis in die Neuzeit hinein, aus einer verwurzelten Tradition heraus von einigen Menschen aufgesucht worden. Alle Varianten würden für einen Kultplatz sprechen. Die Wissenschaft zweifelte daran.

Kripo jagt Raubgräber

Bis zu jenem merkwürdigen Ereignis[11] im Dezember 1990: Kurz vor Weihnachten erhielt die Archäologische Sammlung des Württembergischen Landesmuseums ein anonym abgegebenes Paket mit über hundert Ringen, Pfeilspitzen, Fibeln und anderen Kleinfunden aus Eisen, Bronze und Gold. In dem mit Schaumgummi gepolsterten Alu-Koffer lagen 68 Fibeln (Spangen). Sie waren wie in einem Musterkoffer chronologisch nach ihrer Entstehungszeit vom 7. bis 3. Jahrhundert vor Christus eingeordnet. In dem aus dem Kunsthandel stammenden Kof-

Der gekreuzigte Jesus stellt sich gegen die alten Götter auf der „Oberburg".

fer waren zudem 30 Ohr- und Fingerringe aus Bronze und Eisen sowie andere rare Metallteile enthalten. Einzigartig dabei eine 1,8 cm lange Fibel, die einen kunstvoll gearbeiteten Vogelaufsatz trägt, sowie ein kostbarer goldener Nietbeschlag einer Fußzier-Fibel.

Die Spur dieses Koffers konnten Kriminalpolizei und Denkmalschützer auf die Schwäbische Alb zurückverfolgen: Die Fundstücke stammten aus einer großflächig angelegten Raubgrabung[12] vom „Heidentor". Während Forstbehörde und Polizei die Gegend überwachten, der Ort weiträumig als Grabungsschutzgebiet ausgewiesen wurde, startete das Landesdenkmalamt bald darauf zwei fundierte Untersuchungen. Dabei fanden sich neben weiteren Fibeln auch Haarnadeln und Glasperlenketten. Dazu kamen auffallend viele kleine und kleinste Miniaturgefäße[13]. Das Ergebnis ließ keine Zweifel offen: Das „Heidentor" war eine kultische Opferstätte aus der Keltenzeit.

„Barbarische Urvölker"

Wenn im Folgenden von „Kelten" die Rede ist, sprechen wir von einem künstlich geschaffenen Volksstamm, den es als politische, militärische und soziale Einheit nicht gab. Wir wissen nicht einmal, ob die „Kelten" eine einheitliche Sprache gesprochen haben, da uns unbekannt ist, woher sie eigentlich stammen. Die Antike kannte nur vier barbarische Urvölker: Die Kelten im Westen, die Skythen im Norden, die Inder im Osten und die Lybier im Süden. Dieses Pauschaldenken

 Woher stammten die Menschen, die im Bäratal ihre Opferstätte einrichteten?

der Griechen und Römer lässt sich ein Stück weit auf die Neuzeit und Amerikaner übertragen, wenn von „den Europäern" die Rede ist. Die Menschen am „Heidentor" fühlten sich sicher zunächst einmal als eine Sippe von „Leuten auf dem Heuberg" und im Aktionsradius der damaligen Zeit entsprechend vielleicht an zweiter Stelle als „Älbler". Eine Einstellung, an der sich bis zur heutigen Zeit nichts geändert hat.

Auch ein Kultplatz?
Der Torfelsen im „Teufelstal" bei Neufra/Sigmaringen.

Bislang waren Kultplätze der südwestdeutschen Kelten erst aus dem letzten vorchristlichen Jahrhundert bekannt und nachweisbar. Nach der Fundauswertung staunten die Archäologen: Hier in den höchsten Höhen des Heuberges scheint die bisher älteste bekannte Opferstätte der frühen Kelten gelegen zu haben!

Die Auswertung belegt, dass bereits im siebten Jahrhundert vor Christus besonders Keltinnen diesen Ort aufsuchten. Sie opferten ihren schönsten Schmuck. Vermutlich warfen sie die Gegenstände durch das Tor hindurch den Hang hinab. Vielleicht waren die verzierten Spangen mit Schleiern oder anderen feinen Stoffen (die natürlich nicht mehr erhalten geblieben sind) verbunden gewesen. Fibeln, als Vorläufer der heutigen Sicherheitsnadeln, die in der Magie der Kelten für das „Bannen und Festmachen" standen[14] in Verbindung mit der offenen Form des Felsentores, lassen an Fruchtbarkeitsrituale denken. Was aber hat den Menschen vor 2500 Jahren dieses Tor symbolisiert? Ein Durchschreiten vom „Diesseits" ins „Jenseits"?

Muttergöttin mit geöffnetem Schoß

Die Kelten-Expertin Doris Benz[15] verweist auf England, wo über hundert keltisch inspirierte Steinmetzarbeiten mit ganz eindeutig zur Schau gestelltem weiblichem Geschlecht die christliche Sittenstrenge (Puritanismus) überdauert haben. In der Kirche von Kilpeck (Grafschaft Herefordshire) gibt es eine berühmte Darstellung. Auf einem Trägerstein fällt eine überdimensionale Vagina auf, die von der keltischen

Mögliche Stätte für Fruchtbarkeits-Zeremonien: Die Nischen der „Hohlen Felsen“ zwischen Bitz und Freudenweiler.

Muttergöttin Brigit („die Erhabene“) durch ihre Hände offen gehalten wird, gleichzeitig fasst sie sich unter den Schenkeln durch: „Ein Bild der Verschlingung“, so Benz, „sie nimmt zurück, was sie einmal geboren hat. Über all dem thronend ist sie immer die Gebärerin mit geöffnetem Schoß, dessen Entsprechung im Heidentor nachempfunden wurde.“ Übrigens könnte eine nicht weit davon frei stehende Felsnadel den männlichen Gegenpart dargestellt haben. „Im Bild des in der Natur gewachsenen Tores war die Muttergöttin greifbar anwesend, und so ist das Tor wahrscheinlich ein Symbol für Regenerationskraft geworden. Ein Tor zu durchschreiten bedeutet sich Neuem zu öffnen.“

Fruchtbarkeitszeremonien sind uns von den Kelten als Vorfrühlingsfeier „Imbolc“ bekannt. Die Frauen tanzten, um das Wachstum der Pflanzen und die Empfängnis zu begünstigen. Der Pflug wurde gesegnet und mit dem rituellen Aussäen begonnen. Die Kirche hat diesen „heidnischen“ Frühjahrskult nicht abschaffen können und deshalb durch die „Lichtmess“ am 2. Februar abgelöst und (seit dem Jahr 700) durch Kerzenprozessionen ersetzt. Seit alters her haben zu diesem Zeitpunkt die Bauern ihre Knechte und Mägde zum Dienst eingestellt.[16] Unsere keltischen Vorfahren verehrten an diesem Tag die besagte Muttergöttin Brigit, ihr zu Ehren wurden rituelle Reinigungen vollzogen. Auch diesen Kult konnte die Kirche nicht unterdrücken, sie „taufte“ die alte Tradition und tauschte „Brigit“ gegen die irische Äbtissin (und heutige Nationalpatronin) Brigida (453–525) aus. Noch heute werden, einem uralten Brauch folgend, in irischen Kindergärten aus Pflanzen nachempfundene Sonnensymbole (Brigits-Kreuze) geflochten.[17]

Wallfahrt zum Naturdenkmal

Es ist bekannt, dass die Verbundenheit mit uralten Traditionen gerade auf der Alb mancherorts bis in unsere Zeit ungebrochen ist. Allein eine Aufzählung unter dem von uns heute belächelten Oberbegriff „Aberglauben“ würde den Rahmen dieses Buches sprengen. Es gibt zahlreiche Überlieferungen für unsere Region, wo kranke Kinder oder „Frauen in Kindsnöthen“ durch gelöcherte Steine und hohle oder gespaltene Bäume krochen und gezwängt wurden.[18] Wir dürfen davon ausgehen, dass das „Heidentor“ auch noch sehr lange Zeit nach Festigung des Christentums Frauen, die sich Kinder wünschten oder ihre Sorgen „ablegen“ wollten, in seinen Bann gezogen hat.

Die Einzigartigkeit der Funde am großen Felsentor bedeutet aber nicht, dass dies auch die einzigste vergleichbare Kultstätte der frühen Kelten unserer Region gewesen ist. In einem Kulturkreis, der noch keine „Tempel“ kannte, wurden Naturdenkmäler unter freiem Himmel verehrt. Belegbare Beispiele dafür finden sich in der Geschichte der vorklassischen Mittelmeerwelt. Vor dem Errichten der Städte wurden landschaftlich herausgehobene Plätze außerhalb von festen Siedlungen für kultische Handlungen aufgesucht.[19]

Starke Orte am Albtrauf

Solche „starken Orte“ wird es am Albrand zuhauf gegeben haben, man muss sie nur wieder auffinden. Größere Felsentore gibt es beispiels-

Naturgötter brachten die Berghänge, wie hier im Killertal, zum Rutschen.

weise östlich von Bärenthal, südlich von Kolbingen und westlich von Neufra. Besonders durch Erdrutsch gefährdete Jurakalk-Hänge werden auf Grund ihrer unberechenbaren Naturgewalten verehrt worden sein.[20] Diese wie von Geister-/Götterhand unvermittelt zum „Sprechen" gebrachten Berghänge zeigten unseren Ahnen die Existenz einer unsichtbaren Naturgottheit. Dies wird am Albtrauf bei Mössingen-Belsen deutlich, dessen Hangkante zuletzt im April 1983 einen eindrucksvollen „Abgang" hatte.[21] Nicht weit davon liegt die mithin größte keltische Viereckschanze des Südwestens. Sollte es jedoch am „Bergrutsch" je eine Kultstätte gegeben haben, so liegt sie jetzt unter tausenden Tonnen von Gestein.

„So sehr sich ein Besuch des Heidentors lohnt", heißt es 1905 in den Blättern des Schwäbischen Albvereins[22], „so schwer ist es für einen fremden Wanderer es allein aufzufinden; einen Ortskundigen als Führer mitzunehmen ist daher sehr ratsam. Wer aber die Zeit und Luft hat, einsam durch die Wälder zu streifen, und wem es auf einige Irrwege nicht ankommt, der trifft hier den richtigen Ort voll wilder Schönheit und Romantik."

Quellen/Anmerkungen:

1 Schwäbischer Albverein e.V. (Hrsg.) Natur–Heimat–Wandern. Naturpark Obere Donau. Theiss, Stuttgart 1996.

2 Egesheim war im Mittelalter ein sehr bedeutender Ort: Bis zum Jahre 720, als Aginesheim erstmals erwähnt, gehörte es zur Dynastie der Karolinger, die es dem Kloster St. Gallen schenken. Um 890 kam Egesheim an den römischen Kaiser, den Frankenkönig Arnulf, später an die Zollern. Im Jahre 1407 belehnte deren Graf Friedrich „den Bentzen von Pfullingen“ mit Gütern dort. Egesheim war bis 1805 Teil der Grafschaft Hohenberg (Sitz Rottenburg) und gehörte damit zu Österreich. Quelle: U.a. Beschreibung des Oberamts Spaichingen, Stuttgart 1876, Seite 306ff.

3 Bubsheim – erstmals 1347 als Bubeshain erwähnt – ist 1376/78 im Städtekrieg nahezu völlig zerstört worden. Von diesem Feldzug durch die Reichsstadt Rottweil zeugt heute noch die beeindruckende Ruine Graneck, die gegenüber der Oberburg hoch über dem Anhauser Tal thront. Quelle: Das Königreich Württemberg. Der Schwarzwaldkreis, Band 2, Stuttgart 1905, Seite 512.

4 Fundberichte aus Schwaben 1897. Schweizerbart´sche Verlagsbuchhandlung, Stuttgart 1898, Seite 8.

5 Carola Durst: Vom Heuberg. Blätter des Schwäbischen Albvereins, 1905, Seite 11ff.

6 Fitz Schray, Hauptkulturwart und Gauobmann des Oberen Donau-Gaus im Schwäbischen Albverein: Die Kolbinger Höhle. Gemeinde Kolbingen online. www.kolbingen.de/hoehle3.htm.

7 „Bei Begehungen an der ‚Heidentor’ genannten Stelle fanden sich seit 1945 vorgeschichtliche Scherben ...“ Aus: Fundberichte aus Schwaben 1962. Schweizerbart´sche Verlagsbuchhandlung, Stuttgart 1963, Seite 232.

8 J. Biel: Vorgeschichtliche Höhensiedlungen in Südwürttemberg-Hohenzollern, Forschungen und Berichte zur Frühgeschichte in Baden-Württemberg, Band 24. Konrad Theiss, Stuttgart 1987, Seite 236ff.

9 W. Keinath: Über die Beziehungen der Flurnamen zur Vor- und Frühgeschichte. In: Festgabe für Karl Bohnenberger. Mohr Verlag, Tübingen 1938, Seite 312.

10 W. Keinath: Württembergisches Flurnamenbüchlein. Tübingen 1928, Seite 117ff.

11 Sibylle Bauer, Hans-Peter Kuhnen: Ein starker Ort: Der frühkeltische Opferplatz bei Egesheim. Aus: Heiligtümer und Opferkulte der Kelten. Theiss Verlag, Stuttgart 1995, Seite 51ff.

12 Adelheid Hanke: Zerstörung aus Profitgier. Aus: Archäologieführer Baden-Württemberg. Theiss Verlag, Stuttgart 2001, Seite 70.

13 Archäologische Ausgrabungen in Baden-Württemberg 1991 und 1992. Theiss Verlag, Stuttgart 1992, Seite 102ff. und 1993, Seite 99ff.

14 Sabine Rieckhoff und Jörg Biel: Die Kelten in Deutschland. Theiss Verlag, Stuttgart 2001, Ritual und Monument, Seite 196.

15 Doris Benz, Schriftstellerin und Publikumspreisträgerin des oberösterreichischen Buchhandels 1995. In: Benz/Schräger: Kelten, Kulte, Anderswelten. Freya-Verlag, 2003, Seite 223ff.

16 Prof. Hans-Peter Ebert. Festtage. DRW Verlag, Leinfelden 2001, Seite 60.

17 Biographisch-Bibliographisches Kirchenlexikon www.heiligenlexikon.de.

18 Vgl. Jakob Grimm. Deutsche Mythologie. Band 2, 1835, Seite 976.

19 Wie unter 11.

20 Als belegbare Beispiele seien genannt: Die aus dem Juragestein herausgearbeiteten Schauenburger Flue bei Augst (Nordschweiz) mit einem gallo-römischen Tempel. Oder die „Schweineställe“ bei Bollendorf im Trierer Land, mit einer lateinischen Verehrungs-Felsinschrift. Aus: Archäologie in Deutschland. Sonderheft 1995. Theiss Verlag, Stuttgart.

21 Armin Dieter: Mössinger Bergrutsch. Verlag Tübinger Chronik, 2002 und: www.alberlebnis.de.

22 Wie unter 5.

Die Thingstätte am „Birtenleh“

Jahrhundertelang ließen die Mächtigen im Neckartal Recht sprechen und Heere aufmarschieren

Der „Birtenleh“ – es gibt wohl wenige Orte, die derart unscheinbar wirken, an deren Stelle jedoch über die Jahrhunderte hindurch Geschichte geschrieben wurde: Der Platz, von dem hier die Rede ist, liegt zwei Kilometer östlich von Rottenburg. Zwei uralte Pfade kreuzen sich hier. Der eine verbindet Wurmlingen mit Kiebingen und überschritt an einer Furt den Neckar. Der andere ist die Fortsetzung des „Grafigen Weges“, der den untergegangenen Gau-Ort Sülchen (heute nur noch Kapelle) mit Hirschau verband und der in der Volksüberlieferung „Helweg“ (meint: Totenweg) heißt, weil man an seinem Verlauf alte Gräber fand.[1]

Unweit dieser Kreuzung erhebt sich ein flacher, fast ein Meter hoher, runder Hügel. Sein Durchmesser liegt bei etwa zwanzig Metern. Er dürfte ursprünglich viel höher gewesen sein. Vielleicht wurde er abgetragen. Oder die vielen Neckar-Hochwasser hatten daran Schuld, sowohl durch Wegspülen der Kuppe als auch durch Aufspülen des Untergrunds, so dass die Sohle des Hügels wesentlich tiefer liegen würde.[2] Ende des 19. Jahrhunderts stand eine Stubensandsteinsäule in der Mitte der von Linden umpflanzten künstlichen Erhöhung.[3] Ein meterhoher Steinpfeiler am nördlichen Rand des Hügels ist heute noch erhalten.

 „Birtenleh“ – der geschichtsträchtigste Hügel der Region.

Der Groß-Grabhügel „Rauher Lehen" bei Ertingen hat eine Länge von 70 Metern.

Erstmals taucht der Name dieser Stelle als „ad placitum ...in Birhtinle" in einer Urkunde[4] im Jahre 1243, wenig später als „in loco Burtinle" auf.[5] Die Schreibweise variiert später von „Birtinlê" bis zu „Burgenlai". In alten Urbaren (Grundbüchern) wird mehrmals auf einen „lohenbühl auf dem Burttenlehen" hingewiesen.

Monumentale Groß-Grabhügel

Die Bedeutung des in allen Nennungen steckenden mittelhochdeutschen Grundwortes „lê" meint einen (Grab-)Hügel aus der Keltenzeit. Der Minnesänger Walther von der Vogelweide dichtete bereits um 1200: „Ich saz ûf eime grüenen lê; da ensprungen bluomen unde klê."[6] Berühmtester Namensvetter des „Birtenleh" ist der mithin größte Grabhügel Europas, der „Ho(c)hmichele" bei Heiligkreuztal unweit der Heuneburg/Donau aus dem sechsten vorchristlichen Jahrhundert.

Ein „Leh" lässt sich in so ziemlich jeder alamannischen Siedlung in einem Flurnamen nachweisen (Laiern, Lehren, Löwern etc.)[7]. Somit waren zur Zeit der Landnahme durch die Alamannen so ab 300 n. Chr. allerorts noch Hügelgräber anzutreffen. Als „Lehen" indessen haben sich die meisten großen Begräbnisstätten erhalten: „Lehenbühl" bei Hundersingen und Schlaitdorf oder „Ringenleh" und „Rauher Lehen" bei Ertingen (7 m Höhe und 70 m[!] Länge), ebenso das reich ausgestattete Fürstengrab von Dusslingen an der „Lehlestraße".

Schwäbische Bescheidenheit: Der ein kostbares Fürstengrab beherbergende „Eichbuckel" heißt in Dusslingen „Lehle" (von „Lê" = Grab).

Die genaue Deutung des ersten Teils von „Birtenleh" ist schwieriger. Bei Augsburg lag ebenfalls an einem Fluss (Donau) ein mittlerweile längst verschwundener „Gunzenlê". Aus der Bezeichnung will man „Grabhügel des Gunzo" ableiten. Folglich die letzte Ruhestätte eines alamannischen Sippenführers; eine Nachbestattung in einem bestehenden Hügelgrab.[8]

Auch für Rottenburg ist Ähnliches angedacht worden: Das Bestimmungswort „Birten", das mannigfache Wandlungen durchgemacht hat, hänge irgendwie mit den Grafen der alten Bertoldsbaar (Perihtilosbar) oder dem Burichinga-Gau (Puridinga) zusammen, in deren Territorium der Sülchgau lag.[9] Baare und Gaue waren frühe, komplizierte Herrschafts- und Einflussbereiche, über deren Zusammensetzung uns so gut wie nichts mehr überliefert ist. Es ist anzunehmen, dass es keine feste Grenzen, sondern sich überschneidende Einflusssphären gab, vergleichbar mit dem jetzigen Zustand in Afghanistan.

Nun gibt es ein zweites „Birtenleh". Ein völlig verschwundenes Hügelgrab, wieder an einem Fluss, an der Starzel in Hausen/Killertal, unweit von Burladingen. Den ursprünglichen Ortsnamen führte der Namensforscher Karl Bohnenberger auf Buriht-Laidingen zurück.[10] Womit ein Zusammenhang zwischen dem älteren „Burtinleh" und dem Personennamen „Burith" bestünde. Demnach beide Grabhügel im Herrschaftsbereich eines gleichnamigen Grafengeschlechts lagen und diese vielleicht im „Birtenleh" beigesetzt wurden. Eine wissenschaftliche Grabung, die Aufklärung bringen könnte, ist bislang nicht erfolgt.

Der 13,5 Meter hohe „Hohmichele" (nördlich von Beuren/Mengen) ist der größte erhaltene Grabhügel Europas.

Gleichwohl ist der Hügel am Neckar ja vermutlich abgetragen und, so es Bestattungen gab, geplündert worden. Allerdings wurden 1997 geophysikalische Messungen gemacht. Die ergaben eine Art von Röntgenaufnahmen auf Grund des elektrischen und magnetischen Widerstandes im Untergrund. Dabei wurden zwei Schichten von Steinen, die einen Kreis bilden, lokalisiert. Auch Linien nahe der Mitte des Hügels brachte der Bodenradar zu Tage.[11]

Eine zweite Möglichkeit der Namensdeutung ist die Ableitung des Bestimmungswortes „Birten" in das althochdeutsche „burdi(n)", was Bürde bedeutet, oder „(gi)burt", was Geburt meint.[12] Die gehört zur gleichen indogermanischen Wurzel „-bhrtis", in der Verbform „-bher", was tragen, bringen, hervorstehen meint. Im Ostfriesischen wird „geburdet", wenn man etwas aus dem Wasser hebt.[13]

Dass Grabhügel in Flussnähe nichts Seltenes sind, beweisen Funde aus dem Schmiechtal, auf der Talsohle ober- und unterhalb von Ebingen, im Donautal („Bettelbühl" bei Herbertingen, „Ritterbühl" bei Ertingen), aus dem Nagoldtal (der „Krautbühl" in der Talaue am Fuße des Hohennagold).[14] Berühmt sind die Gräber des oberen Tessintals zwischen Airolo und Bellinzona oder das Grab des Westgotenkönigs Alarich. Er starb 410 und wurde im Flussbett des Busento bei Cosenza beigesetzt. Demnach könnten die unmittelbar an Gewässern liegenden „Birtenleh"-Hügel mit einer für uns geheimnisvollen keltischen Wiedergeburt-Vorstellung in Zusammenhang stehen, die noch viele Jahrhunderte vorherrschte.

In merkwürdiger Verbindung zum heidnischen Kultplatz „Birtenleh": Die alte Hirschauer Friedhofskapelle „Unserer Lieben Frau beim Holunderbusch".

Die Kultstätte

Vom Ahnengrab zur Kultstätte ist es nicht weit. Anton Birlinger, dem 1891 als Professor der Germanistik verstorbenen Volkskundler aus Wurmlingen, war der Hügel als Kind schon vertraut. Er hat überliefert[15], dass auf ihm einst ein Holunderbusch gestanden habe. Wenn das Gewächs einmal so stark sei, dass es einen Kürbis tragen könne, so die Prophezeiung, dann werde eine große Schlacht im Neckartal stattfinden. Im Dreißigjährigen Krieg habe der Busch öfters starke Äste gehabt, sodass man immer jemanden hingeschickt habe, damit er sie abhaue, damit der Krieg ein Ende nähme.

Holunderbäume ziehen sich durch unsere Mythologie als Kultpfähle, die Schätze (in Gräbern) anzeigen, als Welten- und als Totenbäume, deren Fällung Unglück oder Tod beeinflussen.[16] Merkwürdig ist in diesem Zusammenhang, dass die alte Hirschauer Wallfahrtskapelle (1396 erstmals erwähnt), heute Friedhofskirche an der Straße nach Tübingen, „Unserer Lieben Frau beim Holunderbusch und Sankt Urban" geweiht ist.

Die Dingstätte

Im Norden pflegten adlige Großbauern auf dem „odalhaugr" nahe ihres Gehöfts am Grab der Vorfahren zu tagen, an denen der Dingpfahl (siehe oben) steckte. Dort hielten die Fürsten das Volksthing, ihre Gerichtsversammlung ab. In den skandinavischen Ländern heißt die Volksvertretung noch heute „Althing" oder „Folketing". Das Thing fand unter freiem Himmel, stets am Tage (Tagding), zu bestimmten Terminen an der Thingstätte ab. Unter den auf die Alamannen folgenden Franken wurde das gemeine Volk durch Schöffen ersetzt, die unter Leitung eines Grafen (echte Ding) oder eines Schultheißen (gebotene Ding) standen. Daraus entwickelte sich später die Hoch- und Niedergerichtsbarkeit.[17]

Dingstätte „Birtenleh“: Hier wurde unter freiem Himmel Recht gesprochen.

Als Dingstätte tritt der Rottenburger „Birtenleh“ zumindest in Urkunden spät in Erscheinung. Dass es die Gerichtsstätte des aufgelösten Sülchgaus war, lässt sich dadurch untermauern, weil die den Hügel umgebende große Wiesenfläche nie in Privatbesitz war und deshalb „seit ewigen Zeiten her frei gewesen sei“.[18] Vermutlich um 1243 wird von schwierigen juristischen Auseinandersetzungen zwischen den Tübinger Pfalzgrafen und dem Kloster Bebenhausen berichtet. Dieses sollte nämlich einen Gutshof in Geisnang (abgegangen bei Ludwigsburg) erhalten. Der war aber bereits als Lehen an Cuno von Stöffeln (Gönningen) und Werner von Ihlingen verliehen. Die beiden Herren hatten sich zur Klärung auf Einladung des Grafen Rudolf „zum Landgericht auf den Birtenlê“ einzufinden. Nebenbei wird berichtet, dass Graf Rudolf während der Tagung des Landgerichts mit seinem Schwiegersohn, dem Grafen Burkhard III. von Hohenberg (Rottenburg), über die Aussteuer seiner Tochter verhandelte.[19] Diese Mechthildis, dies sei am Rande erwähnt, verlor ihren Mann auf schreckliche Weise: Er wurde am 14. Juli 1253 auf seinem Pferd vom Blitz erschlagen. Die gemeinsame Tochter Anna wurde durch ihre Hochzeit mit Rudolf von Habsburg Stammmutter des bedeutenden österreichischen Kaiserhauses – vermengt mit blauem Tübinger und Rottenburger Blut.

Grenzwertige Gerichtsstätte

Noch das alte Hohenberger Landgericht hat auf dem „Birtenleh" getagt, bis es 1378 nach Rottenburg versetzt wurde.[20] Überraschenderweise ist 1243 der „Birtenleh" zur Gerichtsstätte der Tübinger geworden. Obwohl sie nachweislich auf dem Territorium der Grafen von Rottenburg vor deren Stadttoren lag. Der Grund dafür könnte die eingangs schon erwähnte nicht rekonstruierbare frühere Gauaufteilung sein. Rottenburg und Tübingen müssen schon in dunkler Zeit einem gemeinsamen Herrschaftsgebiet angehört haben. Also vor ihrer Trennung in zwei Grafschaften im Mittelalter und ihrer späteren Zugehörigkeit zu Österreich und Altwürttemberg (Zusammenschluss nach

Sammelpunkt „Birtenleh": Einer unverbrieften Tradition folgend, trafen sich hier vor einer Schlacht die Truppen und Heere.

Kaum zu entschleierndes Rätsel: Warum konnten Tübinger Grafen am „Birtenleh" (Bildmitte) auf Rottenburger Markung zu Gericht sitzen?

1800). Der Abglanz der Vergangenheit wirkt bis heute noch durch die Konfessionsgrenzen (katholisch/evangelisch) und im Groben auch im politischen Wahlverhalten nach.

Aufmarsch der Heere

Der „Birtenleh" blieb Treffpunkt der Mächtigen, Aufmarschgebiet der Heere und Musterungsplatz der Soldaten: König Rudolf, der nach einer langen kaiserlosen Zeit („Interregnum") im Deutschen Reich endlich für ein Ende des Faustrechts und wieder für Friedfertigkeit gesorgt hatte, starb am 15. Juli 1291. Er war kaum zu Grabe getragen, da gingen die machthungrigen Adligen erneut aufeinander los. Graf Eberhard von Wirttemberg hatte noch eine Rechnung mit dem Grafen Albrecht von Hohenberg offen. Mit Unterstützung der Tübinger Pfalzgrafen sammelte Eberhard „der Erlauchte" seine Mannschaft „auf dem Birtinlee, einem Wiesenfeld unterhalb Rottenburgs, auf der linken Seite des Neckars am Wiesenbach", um einen verwüsteten Einfall in das heutige Gebiet des Stadtkreises Rottenburg zu unternehmen.[21]

Im Frühjahr 1525 machte sich der des Landes verwiesene württembergische Herzog Ulrich daran, wieder die Macht zu übernehmen. Von Balingen aus, der erstgewonnenen Stadt, forderte Ulrich den ganzen Schwarzwald zur Übergabe auf und ließ am 3. März Rosenfeld mit Gewalt besetzen. Obwohl ihm ein paar tausend schweizerische Söldner in Ermangelung von Sold desertiert sind („feldflüchtige Schel-

Jahrhundertelang war die Wiesenfläche vor dem untergegangenen uralten Königsgut Sülchen (mit übrig gebliebener Kirche) historisch bedeutsam.

men“), führte er seinen Feldzug fort und zog, bei Bieringen den Neckar überquerend, mit rund 5.000 Soldaten gegen Herrenberg.

Indessen hatte die Gegenseite, der Schwäbische Bund, in Ulm 1.600 Landsknechte versammelt. Sie zogen am 1. März über Münsingen nach Reutlingen, wo sie sich aufrüsteten. Schließlich trafen am Hauptstützpunkt in Tübingen 5.000 Mann unter Waffen ein. Der Truchsess Georg vereinigte sich, von Ebingen her am 4. März nach Rottenburg marschierend „unterhalb dieser Stadt links vom Neckar auf dem Birtenlee mit dem Hauptkern des schwäbischen Bundesheeres“. Am 5. März standen sich die beiden Heere vor Herrenberg gegenüber. „Da aber das Fußvolk aus Widerwillen gegen den Herzog zu streiten, dem Kampf auswich, kam es bloß zu einzelnen Schüssen, nicht zur Schlacht.“[22]

Ein letztes Mal sammelten sich noch 1799 „auf dem Bürgenlay“ württembergische Truppen, um gegen die französische Rheinarmee loszuziehen. Die Franzosen, die eigentlich mit den Österreichern im Krieg lagen, hatten bei ihren wiederholten Vorstößen nach Osten und den Rückzügen von dort in unsere Region übel gehaust (eine Million Gulden Schaden). Weshalb sich Württembergs Herzog Friedrich entschloss, die Neutralität aufzugeben und sich mit den Österreichern gegen General Ney zu verbünden.[23]

Quellen/Anmerkungen:

[1] Ignaz von Jaumann: Colonia Sumlocenne. Nachtrag I. Stuttgart 1855, Seite 11.
[2] Wetzel: Sülchgauer Scholle 8, 1932, Seite 135ff.
[3] Ludwig Schmid: Das Schloss Alt-Rotenburg oder die Weilerburg. Rottenburg 1877, Seite 70.
[4] Schmid: Geschichte der Pfalzgrafen von Tübingen. Tübingen 1853, UB S. 11.
[5] Wie unter 4. Urkunde von 1264, Seite 145.
[6] Ludwig Uhland: Schriften zur Geschichte der Dichtung und Sage VIII, Seite 600ff.
[7] Victor Ernst: Beschreibung des Oberamts Leonberg, Nachdruck Bisinger KG, Magstadt, Seite 1000.
[8] Rudolf Schneider: Der Gunzenlê. In: Kissing. Geschichte und Gegenwart. Gemeinde Kissing, 1983.
[9] Wetzel: In der „Au unter Sülchen“. In: Der Sülchgau 1967. Und: Reim: Das keltische Gräberfeld im „Lindele“ bei Rottenburg. In: Forschung und Funde, Rottenburg 1987, Seite 115 und 144.
[10] Hans Jänichen: Spätmittelalterliche Landtage und Landgerichte. Zeitschrift für Württembergische Landesgeschichte 1957, Seite 111ff.
[11] www.lb.netic.de Zum Hintergrund: www.terrana-geophysik.de.
[12] Schützeichel: Althochdeutsches Wörterbuch. Tübingen 1974.
[13] Emil Grupp lieferte in „Birtenlee. Keltische Spuren in Hausen i.K.“ in: Hohenzollerische Heimat 3, 1992, Seite 40ff., eine ausführliche These zur Deutung des Namens.
[14] Paret: Württemberg in vor- und frühgeschichtlicher Zeit. Kohlhammer, Stuttgart 1961, Seite 174ff.
[15] Birlinger: Volkstümliches aus Schwaben. Band 1, 1865, Seite 185.
[16] Jacob Grimm: Deutsche Mythologie. Band 2. Göttingen 1844, Seite 911.
[17] Brockhaus dtv. Band 4. 1988, Seite 180.
[18] Peter Goeßler: Grabhügel und Dingplatz. In: Festgabe für Karl Bohnenberger. Mohrverlag, Tübingen, 1938. Seite 19.
[19] Wie unter 10.
[20] Beschreibung des Oberamts Rottenburg. Band 1. 1899, Seite 362.
[21] Christoph Friedrich von Stälin: Während des Zwischenreichs. In: Wirtembergische Geschichte. Band 3. Stuttgart 1856, Seite 75.
[22] Wie unter 21: Bauernkrieg und missglückte Rückkehr Herzog Ulrichs, Seite 265.
[23] Karl von Martens: Geschichte der innerhalb der gegenwärtigen Grenzen des Königreichs Württemberg vorgefallenen kriegerischen Ereignisse. Stuttgart 1847, Seite 710ff.

Steinzeit-Statuen

Birgt der Albtrauf das vergessene Erbe einer versunkenen Hochkultur?

„Mount Rushmore“ – Das monumentalste Kunstwerk Amerikas: Die Köpfe von vier bedeutenden US-Präsidenten. In den Fels der Black Hills gehauen. Jedes Porträt 18 Meter hoch. Vierhundert Arbeiter waren vierzehn Jahre lang mit der Schaffung des Nationaldenkmals beschäftigt.[1]

Nun muss man aber nicht unbedingt in die „Schwarzen Berge“ von South Dakota fahren, um steinerne Köpfe anzuschauen.

Denn die lassen sich ebenso gut an der Traufkante der Schwäbischen Alb betrachten. Hoch über den Läufen der Erms, Elsach, Echaz und Eyach und vielen anderen Flüssen blicken Felsbildnisse hinab ins Tal: Als Betrachter glaubt man eine Vielzahl menschlicher und tierischer Häupter zu erkennen. Großsteinskulpturen in den „kahlen, steinigen Halden“, wie die alte Uracher Oberamtsbeschreibung[2] schreibt, „aus denen Felsköpfe, zerklüftet und zerfressen, oft in abenteuerlichen, fratzenhaften Gestalten hervorstehen.“

Verblüffend: Hat auch Urach ein „Mount Rushmore“ mit vier riesigen Gesichtsprofilen im Felsgestein?

Rein geologisch haben wir es mit der Ablagerung des oberen weißen Jura zu tun. Es sind Felskalke, die sich mit der Verwitterung schwer tun. Sie „treten in den abenteuerlichsten Formen auf; dicke rundliche Köpfe, die oft auf dünneren Stielen sitzen, überhängende Klötze, schlank aufschießende Nadeln, Zacken, Kämme, Grotten, Höhlen und Felsentore".[3] Einige der aus Schwammkalken bestehenden, senkrecht aufragenden „Felsköpfe" sind als Naturdenkmale geschützt. Viele tragen teils seit Jahrhunderten ihrem Aussehen entsprechende Bezeichnungen. Und: Im Umfeld dieser augenscheinlichen Gesichts- und Tierprofile sowie möglichen Fruchtbarkeitssymbole („Heidentor") finden sich in der Regel Spuren der frühen Menschheitsgeschichte.[4]

„Man dachte sich Riesen, auf Felsen hausend"

Jakob Grimm schrieb 1835 in seinem Standardwerk[5] über die Glaubensvorstellung unserer Vorfahren: „Man dachte sich Riesen auf Felsen und Bergen hausend; ihre ganze Natur hängt mit dem Steinreich zusammen, sie sind entweder belebte Steinmassen oder versteinerte, früher lebendige Geschöpfe. Die alte und volksmäßige Gebirgsterminologie bedient sich überall der Benennungen einzelner Teile des Leibs. Den Bergen wird Haupt, Hals, Rücken, Achsel, Bein und Fuß beigelegt."

Die nach rechts vorspringende „Berg-Nase" des „Kunstmühlefelsens" (mit menschlichem Gesichtsprofil?)

Folgen wir einfach mal dem Canyon der Bundesstraße 465 mit seinen Seitentälern: An der Quelle des Fischbachs ragt „als sprechender Bildname" der „Hirnkopf" in die Höhe.[6] Hier fanden sich zahlreiche bearbeitete Feuersteine.[7] Möglicherweise eine „Werkzeugmacherei" aus der Endphase der Altsteinzeit (und zugleich letzten Eiszeit) vor geschätzten 15.000 Jahren. Aus dieser Epoche sind uns auch die ersten Höhlenmalereien als künstlerisch anspruchsvolle Werke überliefert. Beim Zusammenfluss mit der Erms zeigt das „Alte Weib" als kirchturmhohe Felsennadel in den Himmel. Dahinter der „Uhenfels" (meint Uhu, früher Schuhu)[8], mit vorzeitlichen Scherbenfunden. Flussabwärts der „Rabenfelsen", an dessen Namensvetter „Rappenfels" (im nach Osten abzweigenden „Brucktal" bei Aglishardt) bis zu 12.000 Jahre alte, reichhaltige Werkzeug-Funde[9] gemacht wurden. Danach „Baldeck", an dessen Fuß 1908 ein steinzeitliches Steinbeil[10] auftauchte.

Zweideutige „Hochbergfelsen": Von der Natur geschaffene Felsnadeln und -höhlungen? Oder von Menschenhand bearbeitete Fruchtbarkeitssymbole?

„Originalschauplätze" vom „Rulaman"-Roman

Vorgeschichtliche Funde[11] natürlich auch an den Schauplätzen des berühmten „Rulaman"-Romans, vor dem „Tor-Felsen" zur „Schillingshöhle", unterhalb des „Tulkafelsens", auf dem der Hohen-Wittlingen erbaut wurde. Eines der menschlichen Felsbilder zum Seeburger Tal hin heißt „Wittlinger Jud"[12]. Gegenüber liegen die Felsen und die Höhle des „Mockenrain" (meint finster dreinblickenden Mann)[13], mit Funden aus der Altsteinzeit.[14]

Auf der westlichen Talseite die senkrecht aufstehenden „Schorrenfelsen", mit der schwer zugänglichen 170 Meter langen „Schorrenhöhle"; einer uralten Wohn- und Zufluchtsstätte.[15] Richtung Urach dann die vorspringende Berg-Nase(!) des „Kunstmühlefelsens". Wo das Ermstal sich mit dem Elsachtal in Urach vereint, trug der „Hochbergfelsen" bis in die 1530er-Jahre eine „Michaelskapelle".

Dies ist ein direkter Hinweis auf eine uralte Kultstätte und ein indirekter auf die Einbeziehung der Felsen in diese. Michaelskirchen finden sich meist auf Anhöhen oder Bergen. Beispiel: Ulmer Michaelsberg, Hohenasperg, Zollern und der Kornbühl bei Salmendingen, der ursprünglich eine Michaelskapelle getragen haben soll.[16] Die christlichen Missionare „stülpten" den Erzengel Michael den heidnischen Kultstätten über. Diese lassen sich auf diesen exponierten Lagen archäologisch, teilweise bis in die Steinzeit zurück nachweisen.[17] Auch der dem Uracher „Hochbergfelsen" gegenüberliegende „Hannerfels" (meint Sankt Johanner Steige) trägt ein großes Kreuz.

„Erscheinungen, die fesseln"

Die Reihe mit Beispielen ließe sich nicht nur in den eingangs erwähnten Tälern beliebig fortsetzen. „An den Merkwürdigkeiten der Felsgebilde, an denen die Alb vom Ries bis zum Randen so reich ist, hält sich schon die oberflächlichste Betrachtung der Dinge auf", heißt es beim Schwäbischen Albverein[18] 1910. „Und es sind Erscheinungen und Gestalten, die jeden, der an sie herantritt, beschäftigen und fesseln."

Einen, den die Felsen wissenschaftlich in ihren Bann gezogen haben, ist der Herrenberger Thomas Weidinger[19]. Er behauptet, dass die Felsbilder nicht bloß Ähnlichkeiten mit menschlichen Köpfen, Tieren und Fruchtbarkeitssymbolen[20] haben, sondern obendrein als dreidimensionale Kultbilder, wenn auch nicht gänzlich erschaffen, so doch ab und an künstlich bearbeitet wurden!

Der Hobbyforscher hat in den zurückliegenden Jahren insbesondere die Gegend um Urach, Albstadt und Nagold akribisch nach „verdächtigen" Felsen abgesucht. Er hat aberhunderte von Fotodokumenten aus allen erdenklichen Blickwinkeln gefertigt und sachlich ausgewertet. Die Grundfrage, die ihn trieb, war: Entspringen die lebensecht wirkenden Felsbilder nur unserer Phantasie, oder steckt hinter der ganzen Sache ein künstlich angelegtes System. Möglicherweise sogar eine bisher nicht erfasste Schaffensphase der Menschheit?

Nun ist es zunächst verwunderlich, dass sich die Landesarchäologie mit dem Thema „Fels-Steinskulpturen" offenbar gar nicht befasst. Was mehr am Wollen als am Können liegt, zumal es an Ansatzpunkten nun wirklich nicht fehlt. Wenn dann Laienforscher ihren Sach-

Ob „Wittlinger Jud" oder „Indianerkopf", der Volksmund hat schon immer Gesichter in Stein gesehen.

Die „Zwei Gesichter" am Albtrauf oberhalb der Kunstmühle. Foto/Repro: Weidinger

verstand anbringen wollen – nahezu die meisten archäologischen Zufalls-Entdeckungen wurden von Amateuren gemacht! – ernten sie nur ein müdes Lächeln. So findet sich dann logischerweise auch kein Hinweis in den Archäologieführern auf Großskulpturen.

Es ist aber nicht so, dass von Menschen bearbeitete steinerne Monumente in Mitteleuropa etwas Ungewöhnliches wären. Die entsprechende Epoche heißt Megalithkultur (von mega = groß und lithos = Stein). Sie fällt auf das Ende der Jungsteinzeit vor 5500 Jahren, als in Ägypten mit dem Bau der ersten Pyramiden begonnen wurde. Die Megalithzeit umfasst eine Reihe nicht unbedingt direkt miteinander verwandter Kulturen, deren Zentrum in der Bretagne lag. Je nach Region und Verwendungszweck entstanden Megalithen als Hünengräber (Dolmen), Menhire (große Findlinge) oder Steinkreise (Stonehege).

Märchensammler Jakob Grimm schrieb vor zweihundert Jahren: „Seltsame, menschenähnliche Gestalten, die sich an Basalt und Granitfelsen im Großen bilden, haben eine Menge Vorstellungen von versteinerten Riesen erzeugt und genährt. Kreise der Steinringe erklärt dann der Mythos aus Tänzen der Riesen. An vielen Felsen heften sich Sagen."[21]

Unabhängig von der für uns rätselhaft gebliebenen Funktion dieser Bauwerke, steckt hinter all dem ein hoher Organisationsgrad und ein weit entwickeltes technisches Verständnis. Niemand kann bis heute schlüssig erklären, wie die „Steinzeitmenschen" tonnenschwere Felsbrocken in vielen Fällen über große Distanzen bewegen konnten. Aber

Ein überdimensionaler Steinkopf „bewacht" den Eingang zur rund dreißig Meter tiefen „Goldloch"-Grotte (zwischen Nebelhöhle und Lichtenstein).

Rückansicht einer meterhohen Fels-Statue, die über ein Seitental der Fehla bei Gauselfingen „blickt".

letztlich ist es geschehen. Niemand will sich heute vorstellen, dass „urtümliche, primitive" Steinmetze in Schwindel erregender Höhe an Felsbildern gemeißelt haben könnten. Und doch gibt es welche. Ohne Zweifel gab es auch in unserer Region eine menschliche Hochkultur in der Steinzeit. Auch wenn die gängige Lehrmeinung ihr wohl nicht mehr zutraut, als Muster auf Gefäßen (Bandkeramik) einzuritzen.[22]

Zeitzeugen gibt es zuhauf, sie zu befragen ist aber müßig: Auf den Felsköpfen, extremsten Temperaturen und Witterungseinflüssen ausgesetzt, haben sich seit der Eiszeit kontinuierlich einige wenige (unerforschte) Kleintiere und seltene Pflanzen einen Lebensraum erschlossen. Zu diesen letzten Überlebenden der Steinzeit gehört die „Pfingstnelke"[23]. Sie wird treffender „Felsennägele" geheißen, weil sie auf diesen lebensfeindlichen Standorten („Nägelesfelsen") wie angenagelt gedeiht.

Gesichts-Darstellungen auf Groß-Steinskulpturen finden sich auf dem europäischen Festland in seiner vollen Ausdehnung und von Marokko über Malta und Spanien bis zum norwegischen Norden. Wenn die Megalith-Kultur nachweislich einen so riesigen Raum abgedeckt hat, darf man eine geistige Einheit, sozusagen eine „erste Weltreligion" annehmen, die dahinter steckt. Selbst wenn wir unterstellen, dass alle Felsen nur „Launen der Natur" mit zufälligerweise menschlichen und tierischen Zügen sind: Unsere Ahnen haben an den über tausende von Kilometern verstreut stehenden monumentalen Felsbildnissen, „die ihnen wie Offenbarungen ihrer Götter erscheinen mussten, gebetet und geopfert".[24]

Ob die Megalither auch eine politische Führung hatten, quasi das „Alte Europa" verkörperten, sei dahingestellt. Wie aus der Postierung und Anordnung vieler Monumente klar und unzweifelhaft ersichtlich wird, verfügte diese Zivilisation über ein enormes Wissen auf dem Gebiet der Mathematik, Geometrie und Astronomie. Es ist fast unvorstellbar, dass sie, der Lehrmeinung nach, noch kein Alphabet kannten.[25] In fast allen Fällen scheint die Ausrichtung von Megalith-Steinen auf bestimmte markante Punkte am Horizont orientiert zu sein, die eine astronomische Bedeutung haben. Vielfach die Stelle am Horizont, an dem die Sonne zum Sommer- oder Winteranfang aufgeht. Aber auch bestimmte Mondpositionen waren für diese Menschen offenbar besonders wichtig, vermutlich auch Sternenkonstellationen.[26] Solche Stellen, künstlich angelegte Einkerbungen, glaubt auch Thomas Weidinger ausgemacht zu haben.

Immer wiederkehrende Symbole

Was nun die Felsen mit Menschen-Antlitz betrifft, hat hierfür die renommierte Marburger Wissenschaftlerin Dr. Elisabeth Neumann-Gundrum weit reichende Erklärungen[27] geliefert, die Weidinger für seine Felsforschung in der Region bestätigen kann. Die meist naturgegebenen Felsköpfe seinen mitunter bearbeitet worden. Leistungen, die unmöglich Einzelne bewerkstelligt haben: „Die Groß-Skulpturen sind größtenteils auf Fernwirkung hin geschaffen. Auch werden ihre Ausarbeiter, die sie gestaltet haben, aus Abständen gelenkt worden sein." Drei immer wiederkehrende Symbole zögen sich durch die Felsformationen:

Das „Zwiegesicht":

„Es handelt sich ... um Häupter mit einem linken offenen, realistischen Pupillenauge und einem rechten, stets nicht-realistischen (geschlossenen) Augenort", der also durch hellere Gesteinsschlüsse in den Felswänden hervorgehoben wurde. „Besonders überzeugend wirkt dies, wo ein Teil der helleren Stelle mittels regelmäßig geschlagener Kerbrahmung quadratisch, rechteckig oder rund ausgegrenzt worden ist."[28]

Dieses Sinnbild hat sich bis heute in der Darstellung von Masken der schwäbisch-alemannischen Fasnet überliefert. Auch in der Figur des Till Eulenspiegel, der in der Linken den Spiegel (Sinnbild der Außenwahrnehmung) und auf der Rechten eine hockende Eule (Sinnbild der Weisheit) hält.

„Hannerfels"-Profil mit „geschlossenem Augenlid"?

Der „weise Alte":

„Das Altsein dieser eindrucksvoll monumentalen Ganzgestalt ... ist jedes Mal durch das einfache Mittel des tief in die Schultern gesunkenen Hauptes dargestellt."[29] Es sei das Symbol eines Hüters, Bewahrers, Warners und Wächters. Er lebt in der Bibel als „guter Hirte", in der Volkstümlichkeit als Nikolaus und in der mittelalterlichen wie neuzeitlichen Literatur als „Treuer Eckart" (Nibelungenlied) oder als „Der getreue Eckart" (Goethe) fort.

Die „Atemgeburt":

„Das Antlitz selbst entlässt aus Nasenöffnungen und Mund, aus dem Atem also, formatlich kleinere (eingemeißelte) Menschenköp-

Gesteinsöffnung am Uracher „Hannerfels" und weiter hangabwärts liegender Fels mit „Peilungs-Kerbe"? Wurden hier die Morgensonne, der Mondstand oder die Sternenkonstellationen angepeilt?

Galerie der Fantasie oberhalb des Uracher Ermstals? Oder Relikte einer versunkenen Hochkultur?

fe."[30] Mit dieser Darstellung ist die sinnbildhafte Schöpfung gemeint, die schon in den ältesten Teilen der Bibel als „Hauch" beschrieben ist (Lateinisch: spiritus). Es wird sowohl Leben „eingehaucht" als auch selbiges „ausgehaucht". Dazu passt auch der Anfang des Johannes-Evangeliums: „Das Wort ward Fleisch."

Auch dieses Sinnbild hat in der Kunst der Romantik und Spätgotik in unseren Kirchen überdauert. An zahllosen Kapitellen, Friesen und Konsolen entlässt der Kopf eines Schöpferwesens Pflanzen und Tiere aus dem Mund.[31]

Der Tübinger Universitätsprofessor Dr. H. J. Müller-Beck, Ordinarius für Urgeschichte, räumte ein, „dass es Neumann-Gundrum sehr wohl gelungen sein dürfte, einen Bereich teilweise zu entschlüsseln, den die Fachforschung bisher gemieden hat."[32] Er bestätigte auch, dass eines der sich häufenden großen tierischen Felsbilder eindeutig dem urgeschichtlichen Widder (Ovis Argali) gleicht. Das Besondere daran ist, dass diese speziellen Wildschafe (Schulterhöhe 1,20 Meter) nur in der Steinzeit lebten. Auch der Ordinarius für zoologische Morphologie (Uni Marburg), Professor Seitz, hat diese Riesenschafe, in den skulptierten Widderköpfen abgebildet, wiedererkannt.

„Das soll einen Stein erbarmen"

Einen Widderkopf trug Gott Amon, in dem die Ägypter den Schöpfer der Welt sahen. Am himmlischen Tierkreis führte der Widder den Reigen an und war den Griechen die Mitte des Alls. Als Symbol der Fruchtbarkeit genoss er kultische Verehrung, während die Schafe als die gebräuchlichsten Opfertiere viele der anderen Götter versöhnten.[33] Wenn Tiere, Riesen und Menschen versteinert werden, schreibt der Mythenkundler Grimm, verlieren sie nichts von ihren Eigenschaften: „Man sehe die Steine ausschlagen, wenn sie von Frost in Wärme kommen. So erkläre sich, wie Felsen und Steine um (den Lichtgott) Balder geweint hätten. Noch heute sagen wir allgemein von herbem Leid: Das sollte einen Stein erbarmen oder ein steinernes Herz rühren."

Quellen/Anmerkungen:

[1] Am Mount Rushmore in South Dakota wurde von 1927 bis 1941 gearbeitet. Rund 450.000 Tonnen Gestein mussten von den Granitfelsen „geschält" werden. Das Kunstwerk versinnbildlicht die Prinzipien und Ideale der amerikanischen Nation. Dargestellt sind die sich um die Demokratie verdient gemachten Präsidenten George Washington, Thomas Jefferson, Theodore Roosevelt und Abraham Lincoln.
[2] Beschreibung des Oberamts Urach: Die Landschaft. Seeburger Tal. Kohlhammer, Stuttgart, 1909. Seite 113.
[3] Wie unter 2. Die Bodenformen, Seite 25.
[4] Jörg Biel: Zur neolithischen Besiedlung der Schwäbischen Alb. Fundberichte aus Schwaben, 1974, Seite 54ff.
[5] Jakob Grimm: Deutsche Mythologie. Kapitel XVIII. Riesen, 1835, Seite 441ff.
[6] Hans Schwenkel: Heimatbuch des Bezirks Urach. 1933, Seite 635.
[7] Fundberichte aus Schwaben. Neue Folge 1930/32 VII, Seite 27, und VIII, Seite 23.
[8] Öttinger. Seeburg im Ermstal. Blätter des Schwäbischen Albvereins 1911, Nr. 1, Seite 1ff.
[9] Prof. Kapff: Steinzeitrastplatz Rappenfelsen. Blätter des Schwäbischen Albvereins 1935, Seite 29–31.
[10] Gefunden in einer Tiefe von vier Metern unter der stark anwachsenden Tuffschicht. Wie unter 2, Seite 125.
[11] Fundberichte aus Schwaben. Neue Fassung 18/2, 1967, Seite 45.
[12] Julius Wais: Albführer II. Schwäbischer Albverein, 1971, Seite 5.
[13] Fischer: Schwäbisches Handwörterbuch. Mohrverlag, Tübingen 1999.
[14] Fundberichte aus Schwaben, 1935/38, Seite 8.
[15] Wie unter 2, Seite 43 und 123.
[16] Elmar Blessing: Die Kirchen-, Kapellen- und Altarpatrozinien für den Kreis Hechingen. Dissertation 1962.
[17] Der Michaelsberg bei Untergrombach trägt eine steinzeitliche Ursiedlung. Der Goldberg, Kapellenstandort im Kreis Aalen, ebenso. Auf dem Michaelberg in Cleebronn und in Böttingen sind gallo-römische Reste ausgegraben worden, ebenso auf dem Heiligen(Michael)berg bei Heidelberg. Vgl. Hoffmann: Kirchenheilige in Württemberg. In: Darstellungen aus der württembergischen Geschichte. Stuttgart 1932.
[18] Ölschläger: Aus unserer Felsenwelt. Blätter des Schwäbischen Albvereins 1910, Seite 163.
[19] Thomas Weidinger, Schuhgasse 4, 71083 Herrenberg. Telefon 07032 5738.
[20] Über Felsentore als Sinnbild des weiblichen Geschlechts siehe das Kapitel über das „Heidentor".
[21] Wie unter 5. Band 1, Kapitel XX, Steine, Seite 536ff.
[22] Adelheid Hanke: Theiss Archäologieführer Baden-Württemberg. 2001.
[23] Gradmann: Pflanzenleben der Schwäbischen Alb. Kohlhammer, Stuttgart 1950, Seite 129.
[24] Winfried Katholing: Die Groß-Steinskulpturen – Kultplätze der Steinzeit? Aschaffenburg 2001, Seite 220.
[25] Hans Krahe: Sprachwissenschaften im alten Europa, 1951, Seite 13.
[26] Dr. Bruno Deiss: Prähistorische Astronomie. Physikalischer Verein Frankfurt. www.astrolink.de.
[27] Neumann-Gundrum: Das Ur-Wissen Europas. Jung-Verlag, Herborn 1994.
[28] Wie unter 22, Seite 17.
[29] Wie unter 22, Seite 27.
[30] Wie unter 22, Seite 21.
[31] Zum Beispiel in der Frauenstiftskirche von Oberstenfeld/Marbach; St. Martin, Lauingen/Donau, Sakristei; Marienkapelle Würzburg, Nordportal.
[32] Auszug aus einem 1979 erstellten Gutachten der Forschungsabteilung des Hessischen Kultusministeriums.
[33] rororo Tierlexikon. Band 1, Säugetiere. Rowohlt, 1968, Seite 157.

Verborgene Kultanlage im dichten Wald bei Königsheim: der „Götzenaltar".

Der Götzenaltar

Von Sagen umwobene okkulte Stätte auf dem Heuberg

„Unter den Göttern verehren sie am meisten den Wodan, dem sie an gewissen Tagen auch Menschopfer darzubringen für recht halten. Herakles und Mars (für den Ackerbau) sühnen sie mit den erlaubten Tieropfern. Ein Teil der Sueben (Schwaben) opfert auch der Isis (Mondkult) ... Sie weihen ihnen Haine und Gehölze, und geben nur den Namen der Götter der geheimnisvollen Stätte, wofür nur ihre Ehrfurcht Augen hat."

Tacitus, der bedeutende römische Historiker des ersten Jahrhunderts, beschreibt unsere germanischen Vorfahren, mit denen er in hohem Maße vertraut gewesen sein muss.[1] Seine „Germania" fällt genau in die Zeit, als die Römer die Schwäbische Alb unserer Region besetzten und mit den Legionslagern in Lautlingen, Burladingen und Gomadingen befestigten. Vermutlich hat sich Tacitus in den 90er-Jahren im befriedeten Gebiet aufgehalten. Vielleicht stand er sogar auf dem Heuberg vor jenem geheimnisvollen Steinblock, den der Volksmund „Götzenaltar" nennt.

Auf einer flachen Kuppe, aber in einem dichten Wald verborgen, liegt drei Kilometer südöstlich des Ortes Böttingen, nahe bei Königsheim, ein außergewöhnlicher und sagenumwobener Platz.

Opferstein aus der Zeit König Davids

Es ist ein Opferstein, sagen die Einheimischen über den mannshohen, gespaltenen Felsblock aus Jurakalk. Er misst 3 m in der Breite, über einen Meter in der Länge und ist mannshoch; thronend auf einem 25 m großen, runden Felsplateau, ringförmig von Gestein umgeben.

Es ist eine „natürliche, geologisch bedingte Felsformation", sagt das Landesdenkmalamt[2], „die wegen ihres Aussehens sicher immer wieder die individuelle Fantasie anregen wird." Für eine kultische Bedeutung „liegen keine Anhaltspunkte vor".

Nun befinden sich im Umkreis von zwanzig Metern mehrere Stein- oder Grabhügel. „Schürfungen"[3] im Jahr 1939 in der Umgebung des „Götzenaltars", brachten Scherben der Keltenzeit zum Vorschein. Ihr Alter reicht bis ins zweite vorchristliche Jahrtausend zurück, der Regierungszeit des biblischen Königs David.

Die Scherbenfunde kann man in zwei Richtungen auslegen: Entweder lag auf der Anhöhe, die früher ohne Baumbewuchs war, eine Siedlung oder der „Abfall" stammt von einer Kultstätte.

Spalt in Nord-Süd-Richtung, Rinne in Ost-West-Richtung. Astronomie der Bronzezeit?

Dazu lohnt sich aber zunächst ein genauerer Blick auf den Felsblock. Er ist nämlich auffallend gespalten. Merkwürdigerweise verläuft diese armdicke Lücke exakt in Nord-Süd-Richtung. Außerdem ruht der Block auf einem zweiten, 1,5 m hohen, 5 m langen und zwei Meter breiten Sockel. An dessen Südseite sind unschwer zwei künstlich geschaffene, halbschalenartige Vertiefungen von 1,2 Metern zu erkennen. Zwischen den Schalen verläuft eine Brücke, die dadurch eine Art dreieckigen Altar bildet. Und dieser zeigt mit seiner Spitze zur Nord-Süd-Spalte. Die beiden Schalen münden in eine Rinne, die zwischen dem Plateau und dem Steinblock verläuft – in Ost-West-Richtung. Auffallend ist die Ansammlung von Eintiefungen, die sich auf der Spitze des Steinblocks finden lassen.[4]

Für eine natürliche Felsformation, wie die Archäologen behaupten, doch ein bisschen zu viele Zufälligkeiten!? Es sollte eigentlich einem geschulten Auge auffallen, dass der „Götzenaltar“ nichts anderes als ein „Menhir“ ist, ein, wenn vielleicht auch nicht künstlich aufgerichteter, so doch zumindest von Menschenhand bearbeiteter großer Stein.

Tacitus hat seine Beobachtungen freilich in einer Zeit gemacht, die rund 500 Jahre nach den am „Götzenaltar“ zuzuordnenden Scherben lag. Es ist eines der großen ungelösten Rätsel unserer Geschichte, warum die Hochkultur der Kelten in der Region Neckar-Alb kurz vor der Zeitenwende plötzlich abbrach. Man darf trotzdem davon ausgehen, dass die von Norden her „einsickernden“ germanischen Stämme die Kultstätte von den Kelten übernommen haben. So wie viele unserer heutigen Kirchen auf heidnischen Plätzen errichtet wurden (Belsen, Bondorf, Mittelstadt usw.). Letztlich wird in Gotteshäusern nach wie vor gebetet und der Opferstock gefüllt. Wenn also der römische Historiker Opferhandlungen bezeugt, die in Zusammenhang mit der Ernte stehen, liegt es auf der Hand, dass das Wetter, genauer gesagt Sonne und Mond, eine wichtige Rolle gespielt haben.

Eine weitere Beobachtung von ihm unterstreicht das: „(Die Germanen) kommen, wenn nicht ein zufälliges und plötzliches Ereignis vorfällt, an bestimmten Tagen, entweder bei Neumond oder bei Vollmond, zusammen; denn sie halten dies für den günstigsten Anfangspunkt von Geschäften. Auch rechnen sie nicht, wie wir, nach Tagen, sondern nach Nächten. Auf diese Weise setzen sie Termine fest und treffen Verabredungen. Die Nacht erscheint als Führerin des Tages.“[5]

Die Kontinuität des „Opfersteins“ als Versammlungsort bis ins Mittelalter scheint eine Sage aus Böttingen zu belegen. Demnach soll die Stelle auch als Richtplatz gedient haben, bei der ein Vater und sein Sohn vom Leben in den Tod gebracht wurden.[6]

Opferstätte und Observatorium

Ort der Zusammenkunft, Opferstätte und Observatorium. Drei Einrichtungen, die sich in ihrer Funktion nicht widersprechen, sondern ergänzen. Dass es sich beim „Götzenaltar“ um eine herausragende astronomische Anlage gehandelt haben muss, wird deutlich, wenn man sich die Topografie genauer anschaut.

Wintersonnwende über dem viertausend Jahre alten mutmaßlichen Observatorium.

„Kultstätte", sagen die Einheimischen – „Laune der Natur", sagt das Denkmalamt.

Der Menhir steht auf einer Kuppe in 914,5 Meter Höhe. Exakt westlich des Opfersteins hebt sich der „Galgenberg" (990,5 m) vom Horizont ab. Östlich davon liegt in knapp 500 Meter schnurgerader Entfernung der höchste Punkt des südlichen „Wachtbühl" (928,6 m), etwas oberhalb davon der nördliche „Wachtbühl" (927,9 m). Er würde sich vorzüglich als Fixpunkt für den Sonnenaufgang zu Sommerbeginn geeignet haben. Auch der Sonnenuntergang zu Winterfang war fixierbar: Südwestlich des „Galgenbergs" erhebt sich der frei stehende „Hirnbühl" (972,7 m).

Auffallend der Kranz von Grabhügeln, die sich meist in 15 Grad-Abständen rund um dem Opferstein gruppieren, allerdings in variierendem Abstand von einigen Kilometern zur Mitte, wobei die Dunkelziffer der nicht mehr auffindbaren Grabhügel sehr groß ist. Genau südlich des Menhirs wird jedenfalls ein Grabhügelfeld tangiert. Diese Anordnungen können natürlich Zufall sein. Von der Opferstein-Kuppe aus gibt es jedenfalls genügend weitere Ansatzpunkte (auch „Kapfe"), um die Gestirne anzupeilen oder astrologische Beobachtungen zu machen.

Quellen/Anmerkungen:

1 Publius Cornelius Tacitus (ca. 55–120 n. Chr.) Sämtliche Werke. Phaidon Verlag, Essen. Germania, 9.
2 Dr. Jutta Klug-Treppe, Landesdenkmalamt Freiburg, Bezirksreferentin Tuttlingen, in: „Archäologische Fundstellen auf Gemarkung Böttingen". Heimatbuch, 2002, Seite 7ff.
3 Scherben der Urnenfelder-, späteren Hallstatt- und Früh-la-Tène-Zeit. Entdeckt am 4.8.1939 von Emil Kost.
4 Vgl: Doris Benz, Ben Schreger: Kelten, Kulte, Anderswelten. 61. Der Götzenaltar. Freya Verlag, 2003.
5 Wie unter 1. Germania, 11.
6 Edgar Speck: Böttinger Heimatblätter. Die Sagenwelt des Oberen Heubergs, 2001, Seite 17.

Geheimnisumwitterte Vierecke

Dem Mythos der „Keltenschanzen" auf der Spur

Der Belsener Karl Schauber ärgerte sich darüber, dass er beim Mähen immer diesen „komischen Buckel" hoch und runter musste.[1] Allmählich reifte bei ihm der Gedanke, hier, einen Kilometer südlich des Ortes, an der Straße nach Beuren, vielleicht auf einen römischen Gutshof gestoßen zu sein. Um sich aber nicht zu blamieren, las er zunächst die einschlägige Fachliteratur. Danach war er davon überzeugt, eine „Viereckschanze" entdeckt zu haben.

Dr. Gustav Adolf Rieth, Leiter des Landesdenkmalamts, der schon die Ausgrabungen der sagenumwobenen Belsener Kapelle[2] geleitet (und dabei das berühmte „Kirschwasser" schätzen gelernt) hatte, hielt Schaubers Deutung für eine „Schnapsidee". Nicht jeder Hügel, so der Tübinger Amtschef, sei gleich ein Bodendenkmal. „Er hat mich am Telefon schier gar ausgelacht", erinnert sich der Belsener an jenen Tag im Frühsommer 1974. Zumal der oberste Denkmalschützer als passionierter Wanderer schon etliche Male höchstpersönlich über dieses Gelände gelaufen sei. Immerhin konnte er Rieth überreden, sich die Sache vor Ort anzuschauen. Schauber holte den Archäologen wenige Tage später mit dem Auto vom Bahnhof ab und fuhr ihn bis kurz vor die

Vor allem in den der menschlichen Baufreude entrissenen bewaldeten Gebieten (hier westlich von Ertringen-Binzwangen) haben sich „Viereckschanzen" über zweieinhalb Jahrtausende hindurch erhalten.

Wallanlage. Rieth stieg aus, lief auf die Umwallung zu, stockte, blickte nach links und rechts und drehte sich um: „Gratuliere, Herr Schauber. Sie haben eine sensationelle wissenschaftliche Entdeckung gemacht. Sie sind auf die erste keltische Viereckschanze zwischen Neckar und Alb gestoßen." Daraufhin, so endet die Anekdote Schaubers, „haben wir uns erst mal hingesetzt und einen Kirschengeist getrunken."

Die Lage der quadratischen „Viereckschanze" südlich von Belsen wirken. Alle vier Seiten sind jedoch mit je 125 Metern gleich lan

Forschung dreht sich im Kreis

Sie scheinen willkürlich ins Gelände gesetzt worden zu sein; an Hängen, auf Bergrücken, Kuppen oder in Senken. Einheitlich ist ihre Bauform: Ein aufgeschütteter, rechteckiger Erdwall mit vorgelagertem v-förmigem Graben, der an einer der vier Seiten eine Lücke aufweist. Ihre Verbreitung zieht sich vom Inn in einem breiten Band zwischen Alpennordseite und Donau bis zu Neckar und Main hin – von einigen „Ausreißern" einmal abgesehen. Über 300 dieser „Viereckschanzen" sind bisher entdeckt worden. Laufend kommen neue hinzu.[3]

Die Auswertung der bis heute vorliegenden Einzelfunde lässt die Aussage zu, dass die Anfänge dieser „Rechteck-Anlagen" mindestens bis ins dritte vorchristliche Jahrhundert zurückreichen. Sie entstanden zu einer Zeit, wo die Naturheiligtümer wie das „Heidentor" offenbar an Anziehungskraft verloren hatten. Möglicherweise war es nun „in Mode gekommen", in eingefriedeten Hainen zu opfern.

Die Erdwerke fallen demnach in eine Epoche, die wir heute den Kelten zurechnen. Genauso unklar sind das zeitliche Ende dieser Schan-

)er steile Blickwinkel vom Dreifürstenstein lässt sie schmäler

zen und das Schicksal seiner Bewohner. Beim Versuch, hinter das Geheimnis der „Keltenschanzen" zu kommen, hat sich die Forschung in den letzten hundert Jahren im Kreis gedreht: Die ersten württembergischen Oberamtsbeschreibungen ließen keinen Zweifel daran, dass die rechteckigen Wall-Graben-Anlagen in römische Zeit zu setzen seien. Nach ersten Sondagen 1899 in einer Schanze beim badischen Gerichtstetten[4] musste die Ansicht verworfen werden. Fortan war von spätkeltischen Gehöften die Rede.

Nachdem 1907 Pfostenlöcher von quadratischen Bauten in den Ecken der Schanzen gefunden wurden, lag es nahe, von Wehrtürmen zu sprechen. Damit galten die Anlagen als vorgeschichtliche Festungen.[5] Einen deutlichen Bezug zum Umland versuchte man 1933 herzustellen und interpretierte die Vierecke als lokale Fliehburg, als befestigte Vorläufer der römischen Gutshöfe[6]. Die aber allzu oft ins Auge stechende zweifelhafte taktisch-militärische Lage veranlasste die Forscher nun für reine Viehgehege zum Schutze der Herden zu plädieren.

Nach dem Krieg stellte man die Schanzen in Verbindung mit älteren Grabhügelgruppen (Flurnamen „Leh/Laifeld" u.a.) in der Umgebung und vermutete einen Totenkult.[7] Bahnbrechend war die systematische Erfassung der bayerischen Anlagen.[8] Es wurden tiefe Schächte mit organischen Resten entdeckt, die man als Hinweise auf Blut- und Fleischopfer für Gottheiten deutete. Grundrisse von Pfostenbauen wurden mit späteren gallo-römischen Tempeln gleichgesetzt.

Opferschächte oder Brunnen?

Grabungen bei Tomerdingen[9] (1959) führten zu der Annahme, die Anlagen müssten umwallte Heiligtümer gewesen sein. Allerdings ergaben die Freilegungs-Arbeiten von Dieter Plack in Fellbach-Schmieden[10] (1980), dass es sich bei den charakteristischen Schächten nur um holzverschalte Brunnen gehandelt hat. Tatsächlich kam die Forschung dann 1984 auf den Gedanken, eine Schanzanlage erstmals komplett auszugraben. Es verwundert nicht, wenn Siegwalt Schick bei Ehingen (Böblingen)[11] Befunde zu Tage förderte, die von den bisherigen Erkenntnissen abwichen: Er fand keinen einzigen Schacht, dafür Grundrisse von mehreren Gebäuden.

Schließlich ging man daran, nun auch die nähere Umgebung einer Schanze zu untersuchen, was 1989 bei Bopfingen[12], Riedlingen[13] (1997) und Mengen-Ennetach[14] (1998) geschah. Das Ergebnis: Die Rechteckhöfe waren keine keltischen Heiligtümer, sondern müssen Mittelpunkt einer ländlichen Dorfsiedlung gewesen sein. Womit wir wieder beim Ausgangspunkt der Forschung von 1899 angelangt wären.

Die südwestliche Ecke der zwischen Hemmendorf (hinten) und Hirrlingen entdeckten „Viereckschanze".

Außergewöhnliche Schanzen in der Region

Von den rund achtzig sichtbaren Erdbauwerken in Baden-Württemberg fanden sich in den Kreisen Reutlingen, Tübingen und Zollernalb zehn Prozent. Eine nicht abzuschätzende Zahl von solchen Anlagen dürfte deshalb, da meist eingeebnet, noch völlig unentdeckt auf den

Wiesen, Äckern und in den Wäldern der Region liegen. Erst 1981 stieß der Hobbyforscher Dr. Hans-Dieter Lehmann beim Wandern auf eine Anlage in einem Wäldchen auf dem Warrenberg bei Owingen. Zuletzt lokalisierte man 1991 eine weitere auf der Markungsgrenze von Hirrlingen nach Hemmendorf.

Die sowieso schon mit außergewöhnlichen archäologischen Fundstellen durchzogene Region Neckar-Alb hat mit den „Viereckschanzen" sozusagen geheimnisvolle Stätten der „S-Klasse" vorzuweisen:
1. Bei Rübgarten verbirgt der Schönbuch eine seltene Doppel-Schanze.
2. In Belsen liegt die mithin größte je entdeckte Anlage ihrer Art.
3. Im namengebenden Ort „Heidenstadt" befindet sich die einzig bekannte Schanze der ganzen westlichen Schwäbischen Alb. Erst bei Laichingen liegt die nächste. Es ist deshalb umstritten, ob die im Gelände nicht mehr sonderlich eindrucksvolle Anlage keltischen Ursprungs ist.[15]

Von den Anlagen in Hemmendorf (700 m südwestlich der Kirche, in einem abfallenden Hang),[16] in Owingen[17] (Warrenberg, 250 m südwestlich des Grillplatzes an einem Waldweg) und in Dautmergen[18] (völlig veracker t), ist außer der Lage nichts Näheres bekannt.

Im Vordergrund die Überreste einer zweiten, kleineren Schanze, die an die große Keltenschanze im Schönbuch bei Einsiedel angebaut wurde.

Ob die im „Hart", 2,3 km südwestlich von Tigerfeld[19] entdeckte abgeflachte Wallanlage auch eine vorchristliche „Schanze" war, bleibt mangels näherer Erkenntnisse ungeklärt. Sagenumwoben das „Römerwäldle" nordöstlich von Rommelsbach[20]: „Das etwa drei Morgen große Wäldchen war im Viereck mit einem Wall umgeben, von dem noch deutliche Überreste sichtbar sind", hieß es 1865: „Hier sollen nach der Sage die Römer(?) ein festes Lager gehabt haben." Fraglich auch die quadratische Anlage am östlichen Ende des Golfplatzes bei Undingen. Die rund achtzig Meter langen abgeflachten Wallseiten haben ein Fundament aus Trockenmauerwerk.[21]

Weitere Anlagen im Umfeld[22] der Region liegen (im Uhrzeigersinn) in Waldenbuch, Echterdingen, Nürtingen, Erkenbrechtsweiler, Westerheim, Blaubeuren-Sonderbuch, Obermarchtal, Wilflingen, Wellendingen, Aldingen, Aixheim, Neukirch, Oberndorf, Boll, Sulz, Bildechingen und Oberjettingen.

Doppelschanze im „Süßen Wasen"

Von den „Viereckschanzen", die unser Gebiet betreffen, hat lediglich der „Römerring" im „Süßen Wasen" bei Rübgarten, einen Kilometer nördlich vom Einsiedel, das Interesse der grabenden Wissenschaft geweckt. Das ist nun aber auch schon fast hundert Jahre her. Die Sondierungen von Gerhard Bersu im Jahr 1911/12 waren die ersten ihrer Art. Da er von dem Gedanken geleitet war, eine Militäranlage nachzuweisen, hat er auch nur in diese Richtung geforscht. Sein Fazit: „So sind die ca. 110 Meter langen Wälle mit der Mulde davor die letzten Reste eines Befestigungswerkes, das aus einer durch eine Brustwehr geschützte Plattform mit vorliegendem mit Wasser gefülltem Spitzgraben bestand."[23] Bersu stellte an der südlichen Seite eine Lücke fest, an der vormals ein drei Meter breites, hölzernes Tor gestanden haben könnte. Der beachtliche Durchmesser jedes der zwölf Fundamentlöcher betrug 1,6 Meter. Im westlichen Teil des Innenraums deckte Bersu im Juli mit acht Forstarbeitern rätselhafte Gruben mit einem Durchmesser von 1,15 bis 2,5 Metern auf. Merkwürdigerweise lag „das alte Wohnniveau nur wenige Zentimeter über dem heutigen Grundwasserspiegel. Das Innere muss also recht feucht gewesen sein".

Schließlich lokalisierten die Männer noch eine zweite, halb so große Schanze, die sich an die Südseite der größeren Schanze anlehnt. Ihr Flächeninhalt beträgt 0,3 Hektar. Die Umwallung ist fast zerstört. In beiden Teilen aufgelesene Scherben waren keltischen wie auch römischen Ursprungs. Bersu nahm auf Grund von zwei Brandschichten eine zweimalige Zerstörung an.

Der „Weiberring"

Aufhorchen lässt sein Vermerk, dass die Waldarbeiter die Anlage seit jeher als „Weiberring" bezeichneten. Das lässt drei Überlegungen zu. Entweder hat sich mit diesem Begriff im Volksmund eine Fluchtburg für Frauen (und Kinder) überliefert. Wobei dann mehrere kriegerische Ereignisse, sprich ein längerer Zeitraum nötig waren, um dem Versteck diesen Eigennamen zu verschaffen. Oder an diesem Ort kamen in Fortführung einer alten Tradition Frauen zusammen, um kultische und abergläubische Handlungen jedweder Art zu vollziehen. Vielleicht auch nur, um sich untereinander zu treffen, ein „Lallesplatz“ sozusagen.

Alle drei Varianten stehen in keinem Widerspruch zu den Deutungsmöglichkeiten, die uns die Schanzen lassen: Fluchtstätte, Heiligtum und Versammlungsort.

Die „Beyburg“

Dr. Hans-Dieter Lehmann (Zimmern), der Entdecker der Owinger Schanze, hat Nachweise[24] erarbeitet, dass der Bevölkerung die rechteckigen Erdwälle unheimlich waren; was sich zumindest aus Flurnamen interpretieren lässt. Vielsagend ist eine Notiz in der Stiftungsurkunde des Klosters Einsiedel von 1492, wo die dortige Schanze als „Byburg“ bezeichnet wird. (Auch in Unteregg/Bayern heißt die Schanze „Beyburg“). „Beiburg“ in Herleitung vom althochdeutschen „bî“ meint, „wo es nicht geheuer ist“.

Wenn im Mössinger Flurnamenbuch[25] das Gewann „Beybruck“ mit der Erklärung „bei der Brücke“ umschrieben wird, ist das deshalb falsch: Die nördliche Hälfte der „Keltenschanze“ liegt in der Markung „Beybruck“. Die südliche Hälfte ist dem Gewann „Auf dem Kreben“ zugeordnet. Auch hier ist die „amtliche“ Erklärung unrichtig, es sei hiermit ein Platz gemeint, wo Weiden wachsen, aus denen man Körbe (Kreble) flechtete.

Der „Kreben“

„Kreben“ gibt es in der Region Dutzende. Sei es in Öschingen, Nehren, Dusslingen, Melchingen, Stetten oder Unterhausen. Aus nahezu allen Belegstellen geht hervor, dass der „Kreben“ ein freier Platz war. Und zwar nicht nur hinsichtlich der Lage, sondern im Sinne von „Freiheit“. Vom Ringinger Fleckenbuch[26] (1530) ist in abgewandelter Form überliefert: „Hier auf dem Dorfplatz im Krebenring tagte in alter Zeit die Gemeinde. Unter den Linden der Männer Thing, saß zu Gericht über Freunde oder Feinde.“ In der Pfarrpfründeerneuerung[27] von 1728 heißt es noch: „Der Kreb ... unten im Dorf, darin ist eine Freiheit von 24 Stund.“ Was bedeutet: Der „Kreben“ war ein zeitlich begrenztes Asyl.

Die uralte Gerichts- und Versammlungstradition lässt sich gerade in Ringingen und Salmendingen (1730: Tanz-Kreeb) gut nachweisen, da der Ort noch lange Zeit als Tanzplatz der Jugend galt. Bei jeder Veranstaltung war eine Amtsperson anwesend. Die „Freiheit“ bestand darin, dass ein jeder nach Gutdünken handeln konnte, ohne Strafe zu befürchten.

Ein absoluter Glücksfall, wenn, wie hier in der Ortsmitte von Ringingen, sich ergänzende, uralte Flurnamen in Straßenbenennungen übergehen. „Kreben" meint Versammlungsstätte, „Lai" (Lê) meint Grabhügel – die „Hauptzutaten" für eine „Viereckschanze".

Wir können also allein schon von den Flurnamen davon ausgehen, dass es südwestlich der Belsener Kapelle einen Ort gab, wo Dinge vonstatten gingen, die bei den Menschen ein Unbehagen auslösten. Und sei es auch nur als nacherzählte Geschehnisse. Was die Menschen schauderte, wissen wir nicht. Der Gedanke an kultische Handlungen ist sicher nicht abwegig. Dass dort, zwischen dem im Mittelalter verschwundenen Dorf Steinhofen[28] und der heutigen Straße zu den Kirschanlagen auf den „Alten Morgen", eine alte Gerichts- und Versammlungsstätte bestand, spricht ebenso für eine „Viereckschanze".

Der „Geißbach"

Mangels archäologischer Grabungen soll mit einem weiteren Flurnamen die zeitliche Zuordnung der „Schanze" in die keltische Epoche untermauert werden. Ein wenig westlich schlängelt sich der unterhalb des Albtraufs entspringende „Geißbach" (1522 „Geysbach") auf Belsen zu. Die einfachste, weil nahe liegende Deutung, liefert wieder das Mössinger Flurnamenbuch. Hier, weit außerhalb des Ortes, hätten früher Geißen (Ziegen) geweidet. Das erweckt den Anschein, als hätte es im Bauerndorf Belsen eine größere Ziegenzucht gegeben. Davon ist nichts bekannt. Die – wenn schon: „Goaß" – war nicht „die Kuh des armen Mannes", ihre Hege galt vielmehr als Liebhaberei der großen Bauern.

Die „Viereckschanze" von Belsen in der vegetationsarmen Zeit aus Blickrichtung Norden. Links oben (vom Winternebel verschleiert) der „Bergrutsch". Rechts oben der „Dreifürstenstein".

Unzweifelhaft stammt das Bestimmungswort „Geiß" vom dem keltisch-ligurischen[29] „chais", und meint „haldig" oder „abfallend" (wie übrigens allerorts die „Gaishalden"); was in Belsen zudem auf die Topografie des Bachlaufs zutrifft: Auf dessen westlicher Seite liegen steil abfallende Hänge. Das Gewann dahinter heißt „Auf dem Gieß" (1541 „Gieß") und bezieht sich wohl auch auf den benachbarten, durch starkes Gefälle schnell zufließenden „Schlatterbach". Keltische Namengebungen setzten voraus, dass keltisch sprechende Menschen dort lebten.

Sonderbare Lücke

Ungewöhnlich für die Wallanlage in Belsen ist eine Lücke in der 125 Meter langen Nordseite. Es wäre die einzig bekannte Anlage, die eine Toröffnung auf dieser Seite hat. Allerdings spricht die stark verflachte Westseite für einen im Lauf der Jahrhunderte „ausgetretenen" Eingang. Dann könnte die im Norden vorhandene Mulde wohl eher von einer Entwässerung des auffallend feuchten Geländes her stammen. Höchst sonderbar wäre es allerdings, wenn diese Öffnung schon Teil des Bauwerks war und nicht erst später erfolgte. Auffällig, dass auch die Anlage in Rübgarten nur knapp über dem Grundwasserstand liegt.[30] Das für Belsen gefallene Attribut der mithin „größten Anlage" gilt es zunächst einmal plastischer darzustellen:

Beeindruckende Großbaustelle

Die Gesamtlänge des Walles mit dem davor liegenden Graben beträgt 500 Meter. Der Aushub[31] des Grabens ergibt rund 2800 Kubikmeter. Die Belsener Schanze und „ein Drittel aller Viereckschanzen Baden-Württembergs“[32] weisen „eine mehr oder weniger starke Erhöhung der inneren Flächen auf. Sie scheinen zum Teil aus ortsfremdem Material bestanden zu haben oder mehrschichtig zu sein“. Mit anderen Worten: Die Innenfläche der Anlage (1,56 Hektar) ist ebenfalls künstlich bearbeitet worden. Bei einer angenommenen Höhe von 20 Zentimetern demnach rund 3120 Kubikmeter. Die geschätzte Tagesleistung[33] eines Arbeiters lag bei drei Kubikmetern bewegter Erde.

Nun galt es zunächst den schweren Lehmboden (schiefriger Opalinuston) zu lockern. Zum Ausheben des Grabens und zur Aufschüttung der hohen Wallung war ein mehrfaches Umsetzen des Erdmaterials notwendig. Die „Planierung“ der Innenfläche, durch Zufuhr in Karren oder über Korbträger war zeitaufwändig. Hinzu kam das Errichten der möglichen Holz-Palisaden und der eventuellen Innenbauten, was das Fällen von größeren Mengen an Bäumen voraussetzte.

Fronarbeit von Sklaven

Ganz zu schweigen von den Sicherungs- und Reparaturarbeiten. Zusätzlich galt es, die Grundversorgung mit Nahrungsmitteln aufrecht zu

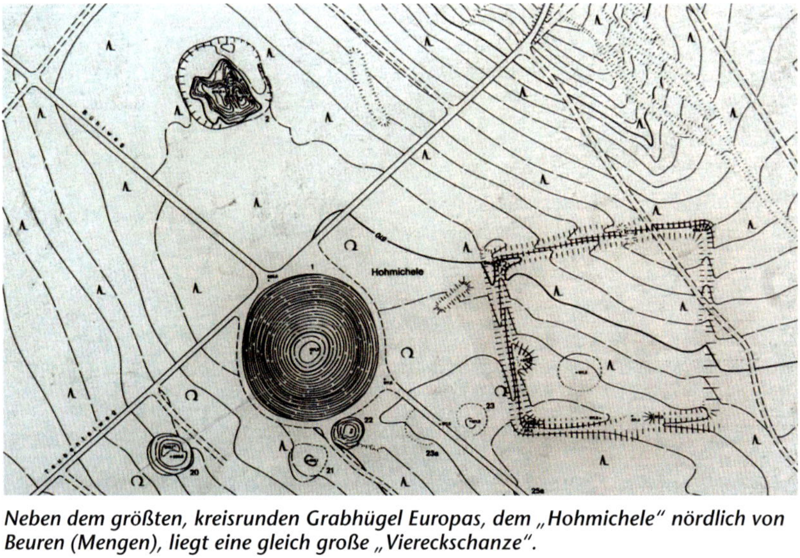

Neben dem größten, kreisrunden Grabhügel Europas, dem „Hohmichele“ nördlich von Beuren (Mengen), liegt eine gleich große „Viereckschanze“.

erhalten (Landwirtschaft, Jagd, Handwerk). Eine der Schwachstellen dieser Berechnung ist natürlich die Einrichtungsdauer der Großbaustelle. Wenn wir diese nur auf die Sommerzeit legen, kann von einer Siedlungsstärke von über tausend Menschen ausgegangen werden. Die Zahl relativiert sich, wenn gar Kriegsgefangene oder Sklaven zum Einsatz kamen.

Wie auch immer. Entweder hat eine höher gestellte Persönlichkeit einen „feudalen" Gutshof in Fronarbeit errichten lassen. Denn von den vielen hundert anderen Sippenmitgliedern fehlt jede Spur ihrer armseligeren, weil die Zeiten nicht überdauernden Behausungen. Oder, was wahrscheinlicher ist, hier (wie auch andernorts) wurde mit vereinten Kräften, salopp gesagt, ein multifunktionelles Gemeindezentrum errichtet. Die Größe der Belsener Anlage spricht für eine entsprechend umfangreiche Sippe und vielleicht für eine „gehobene" Ausstattung.

Keltische Türme?

Man müsse sich nicht weit in die Ferne begeben, um eine Parallele zu einem „Herrenhof mit gemischter Wohn-, Wirtschafts- und religiöser Funktion" zu suchen, stellt Lehmann[34] scharfsinnig fest. In Oberschwaben sei die Welt noch halbwegs in Ordnung und biete das Gesuchte: Das vom Kirchturm markierte Ensemble von Pfarrhof und Gotteshaus sei „im ländlichen Siedlungsgefüge eindeutig der Mittelpunkt"

Vermutlich nach einer „Keltenschanze" (1461: „Ob der Haidenstatt") wurde die auf der 900 Meter hohen Alb gelegene Gemeinde „Heidenstadt" benannt.

des Ortes, zugleich „unbestrittene Autorität in religiösen Fragen und darüber hinaus“. So ähnlich, wenn auch unter anderen Vorzeichen, könne man sich damals „eine Institution vorstellen, die Kultisches und Profanes in sich vereint hat“. Dem christlichen Glockenturm heute entsprach zur Keltenzeit die viereckige Einfriedung. Was steht denn übrigens gegen die Annahme, dass es lange Zeit vor Einführung des Christentums noch keine Türme gegeben haben soll? Könnten die großen Pfostenlöcher nicht vielleicht sogar den stabilen Unterbau zu Türmen gebildet haben, deren Spuren „längst der Holzwurm gefressen hat?“

Unterschätztes Wissen

Nun ist Karl Schauber nicht der „Schliemann von Belsen“ geworden. Im Gegensatz zu Troia liegen die profanen Kelten-Schätze noch unter der Erde, und der Schleier des Geheimnisvollen darüber.[35] Man muss sich aber wirklich ernsthaft fragen, ob die im Dunkeln tappende Spaten-Archäologie jemals Licht in den Mythos „Keltenschanze“ bringen wird.

Zu sehr verharrt die Schulwissenschaft in ihren rationalen Denkmustern. Sie maßt sich an zu glauben, die heutige menschliche Entwicklungsstufe sei die bisher höchst erreichte und würde demzufolge mit den aktuellen technischen Standards und unserem augenblicklichen Wissensstand über dem Können und Kenntnisstand unserer

Der Entdecker der Belsener Schanzanlage, Karl Schauber (Bildmitte mit Karte), mit Forscher-Kollegen auf der höchsten Erhebung der Anlage.

Vorfahren stehen. Ob deren Siedlungen auch von begradeten Flüssen überschwemmt und unter abgeholzten Hängen verschüttet wurden? Das anfangs erwähnte Beispiel der Schanze bei Rübgarten zeigt deutlich, was wissenschaftliche Scheuklappen bewirken: Der Ausgräber Gerhard Bersu hielt die Anlage für ein Militärlager und glaubte sich durch die von ihm so interpretierten Funde bestätigt.

Die Umwelt, das Wetter und die Gestirne hatten für unsere Ahnen eine radikal andere Bedeutung als für uns, nämlich eine überlebenswichtige. Sie konnten die Natur genauso wenig beherrschen wie wir jetzt und in Zukunft, aber sensibler damit umgehen. Heutzutage ist die „Wetterfühligkeit" mit einem negativen Unterton versehen. Es gibt aber Menschen, deren „Empfindlichkeiten" nicht wie bei den meisten anderen Zeitgenossen abgestumpft sind, sondern sich als besondere Fähigkeiten erhalten haben. Dazu zählen die umstrittenen „Wünschel"-Rutengänger, von denen, der Überlieferung nach (Buch Exodus, Kapitel 17), Moses der erste und prominenteste war. Rutengänger werden in der Regel von gestandenen Archäologen belächelt. Dabei wird geflissentlich verschwiegen, dass ohne die Pendler so manch zugeschütteter Brunnen noch unentdeckt im Boden ruhen würde.

Eine Geheimwaffe?

Die beiden Geobiologen Gerhard Salzer und Karl Benz unterzogen die Belsener Schanze einer eingehenden Untersuchung. Die Begehung im

Positive Erdstrahlung? Geobiologe Karl Benz an der Stelle der Belsener Schanze, wo zuvor ein verletztes Reh kauerte.

Frühsommer fing bereits mit einer verblüffenden Beobachtung an: Ein Reh schreckte bei unserer Ankunft aus seinem Lager im hohen Gras auf und humpelte davon. Das verletzte Tier hatte sich innerhalb der Schanze eine Stelle ausgesucht, die nach Analyse der beiden Radiästheten[36] eine „positive Erdstrahlung“[37] absondert. Kranke Tiere hätten diesen „siebten Sinn“, dafür gebe es in der Natur genügend Beispiele.

Nun mag man zu dieser Art von Messung stehen, wie man will. Tatsache ist, dass die römischen Chronisten[38] davon berichten, dass die Kelten sich vor dem Kampf sozusagen in Trance getanzt und gesetzt haben. Die Berichte erzählen übereinstimmend von Kriegern, die mit Todesverachtung, nackt und durch infernalisches Gebrüll aufpeitschend auf ihre Gegner gestürzt sind, so wie wir es heute in den Comics über die berühmtesten Kelten, die Gallier um Asterix und Obelix, als fiktive Abenteuer nachlesen können.

Hatten sie wirklich den berühmten Zaubertrank des Druiden getrunken, oder lässt sich die ungeheure Kampfeswut anders erklären. Waren die todesmutigen Männer – wir kennen die Ausdrücke – „wie elektrisiert“, „geladen“, „auf 180“, „heiß“ und „brannten darauf“, den Schlagabtausch zu führen? Haben sie sich durch rituelle Tanz-Schritte auf Kraftfeldern in den Schanzen „energetisch aufgeladen“, so wie es uns heute unabsichtlich mit Kleidung und Schuhen passiert?

Der Energetisierungseffekt in einer Schanze, so die Geobiologen, sei erklärbar durch die Kombination verschiedener Erdschichten in Verbindung mit den radiästhetischen Kraftlinien. Von einem „Kondensatoreffekt“, spricht Gernot L. Geise, Leiter der EFODON, einer Gesellschaft[39], die sich mit frühgeschichtlichen Phänomenen auseinander setzt. „Diese Anlagen wurden immer gemieden und teilweise bis zum heutigen Tag unbebaut und brach liegen gelassen, oftmals als Tabuzone.“ Damit liefert der Forscher indirekt ein Indiz für die eingangs erwähnten Flurbezeichnungen mit „Bey...“ (nicht geheuer sein).

Magnetisches Kraftfeld

Geise entdeckte, wenn auch nicht in unserer Region, sondern an zahlreichen anderen Schanzen, in diesem Zusammenhang weitere Merkwürdigkeiten: „Man kann einen Kompass in einer intakten Schanze dauerhaft umpolen.“ Die Nadel, die sich nach dem magnetischen Gitterlinien des irdischen Globalgitternetzes richtet, zeigt dann anstatt nach Norden immer nach Süden. „Da dies erst im Nachhinein festgestellt wurde, ist es bisher nicht sicher, wie lange man sich dazu auf einer Schanze aufhalten muss.“ Geise vermutet also ein „relativ starkes magnetisches Kraftfeld“. Bisher sei es jedoch nicht gelungen, „einen umgepolten Kompass auf einer Schanze wieder zurückzupolen.“

Eigenartigerweise herrsche über einer unzerstörten Schanze offenbar auch ein „nach oben gerichtetes, ionisiertes Feld". Es könne mit bloßem Auge beobachtet werden, „dass bei leichter Bewölkung genau über der Schanze die Wolkendecke aufreißt. Landläufig ist dies als Wetterscheiden bekannt." Geise stellt sogar die These (nach Beobachtungen von Bauern) auf, dass intakte Schanzen auch von Gewitterfronten verschont bleiben und dort kein Blitz einschlägt.

Der Hintergrund der nachgewiesenen, mehrschichtigen Überhöhung von Schanzen zum einen und die darin aufgefundenen „Brandhorizonte" zum anderen bleiben den Archäologen rätselhaft.[40] Es ist unbestreitbar, dass die Innenfläche aus mehreren Schichten künstlich aufgebaut wurde. Die Erdschichten der von Geise untersuchten Anlagen (Wessobrunn, Rott, Polling und Landsberg) hatten die Schichtfolge: Humus (10 cm), Kies/Sand/Erde (30), Holzkohle (5), Rostschicht, eisenhaltig (5), Kies/Sand (20), Holzkohle (2), Kies/Sand (30), Ton (40), Rostschicht, eisenhaltig (10), danach wieder Kies/Sand. Ein „eindeutiger Beleg dafür, dass die Innenfläche zunächst einmal abgetragen und anschließend systematisch wieder eingebaut wurde, um eine Art ionisierendes Kraftfeld aufzubauen.

Auf Blind Springs abgestimmt

Zurück zur Anlage von Belsen. Die feuchte Lage (auch im Sommer hausen im Zentrum der Anlage Frösche in kleinen Erdlöchern) ist

Unterirdische Quellen? Geobiologe Gerhard Salzer mutet die Belsener Schanze nach Wasserläufen aus.

wohl auf mehrere unterirdische Quellen (Blind Springs) zurückzuführen. Zutreffender wäre allerdings die Bezeichnung „Wassersäulen". Im Bereich einer „Blind Springs", so die Geobiologen, ist entweder mit positiv oder negativ polarisiertem, also links- oder rechtsdrehendem Wasser zu rechnen. Trinkquellen liefern angeblich immer rechtsdrehendes Wasser. Wenn das Wasser mit Salz oder Schwefel zugesetzt ist, liegt es an einer linksdrehenden Quelle. Normalerweise erkennt man solche Stellen durch abnormal wachsende Bäume (korkenzieherartigen Drehwuchs).

Die Rutengänger versicherten, die Wasseradern lokalisiert zu haben. Da sie aber heute anders verlaufen als vor 2000 Jahren, sind die ursprünglichen Gegebenheiten „verwässert". Gesichert ist ihr Abfluss zur Mitte nach Norden hin, dort wo die Anlage eine Lücke im Wall hat. Die Abgrenzung des Platzes ist aus welchen Gründen auch immer exakt darauf abgestimmt worden. So lässt sich auch die scheinbar willkürliche und ungünstige Lage an einem Hangfuß erklären.

Mindestens zwei (zugeschüttete) senkrechte Schächte könnten von den Erbauern in der Belsener Anlage in den Boden getrieben worden sein. Diese „Kultschächte" sind in den meisten der erforschten Schanzen archäologisch nachgewiesen worden. Auch radiästhetisch unbedarfte Menschen können sie am kreisförmigen, mageren Pflanzenwuchs und einer leichten Vertiefung erkennen.

Stätten der Mantik

Der Owinger Schanzenentdecker Lehmann baut seine Thesen zur Deutung der Anlagen auf vergleichsweise sicherem Terrain. Er hat antike Beschreibungen der Vorgänge in heiligen Hainen ausgewertet und kommt nach gründlicher Beurteilung zu dem Entschluss[41]: „Viereckschanzen waren Stätten der Mantik. Sie dienten als Orakelplätze der Erforschung der Zukunft und des Willens der Götter, Heroen oder Ahnen. Es waren private Dienstleistungsbetriebe mit kultischem Einschlag, betrieben von Wahrsagern oder Zauberern, wie dies die späte irische Sage aus heidnischer Vorzeit berichtet."

Wall und Graben grenzten den sakralen Platz gegenüber der profanen Umwelt ab. Die unterschiedlichen Ausstattungen und Funde erklärten sich daraus, dass es auch Orakel mit Tieren als Medien gab, die dort gehalten und geopfert wurden.

Lehmann deutet den guten topografischen Überblick vieler Schanzen an und regt an „auch den Horizont jeweils systematisch abzusuchen".

Dann würde, wie im Osten der Riedlinger Schanze, auffallen, dass genau dort der Bussen liegt: „Wurde er erst in christlicher Zeit der heilige Berg Oberschwabens?"

Noch sind längst nicht alle einstigen Schanzen entdeckt worden. Die Anlage bei Owingen (die Südseite läuft parallel zu dem Waldweg, vorne die überhöhte Südwestecke) lag bis 1981 unbeachtet in einem Wäldchen.

Kalenderanlage

Es lohnt deshalb erst recht in Belsen ein Blick auf die Ausrichtung der Schanze. Ganz abgesehen von den kalendarischen Spielereien in der berühmten Kapelle[42]. Sie besaß möglicherweise einen mit Sonne, Mond und anderen Himmelskörpern verbundenen Sinn. Die Kelten hatten Heiligtümer, die auf den Sonnenauf- oder -untergang ausgerichtet waren. Ihr Tag begann und endete damit. Ihr Jahr fing (nach heutigem Stand) am Abend des ersten Novembers an. Dieser Tag hieß „Samhain" (Sommerende). Am ersten Februar folgte das Fest „Imbolc" (Sprießen). Am ersten Mai „Beltain" (Der Sonne Feuer) und am ersten August schließlich „Lugnasad" (Das Fest von Lug). Anlagen in Böhmen[43] sind auf diese Termine zweifelsfrei kalendarisch platziert worden und heute noch sehr genau: Wenn die Sonne kommt oder geht, steht sie direkt über einem auffälligen Berg oder einer entsprechenden landschaftlichen Szene; die Tag- und Nacht-Gleiche am 21. März ist über den Scheitel zu verfolgen; die Achse eines markanten Berges verläuft parallel zu der Eingangsseite des Heiligtums.

Westlich von Prag bei Makotřasy liegt eine Anlage, die der Belsener Anlage sehr ähnelt, jedoch keine Wälle (mehr) aufweist. Sie ist, über das Alter von Tierknochen analysiert, vor rund 5500 Jahren errichtet worden. Die Visierlinien (auf Belsen passend übertragen) scheinen mithilfe der beiden pythagoreischen Dreiecke (Pythagoras = griechischer Philosoph, um 532 v. Chr.) konstruiert worden zu sein. An den Markierungspunkten muss man sich große Holzpfähle denken.[44]

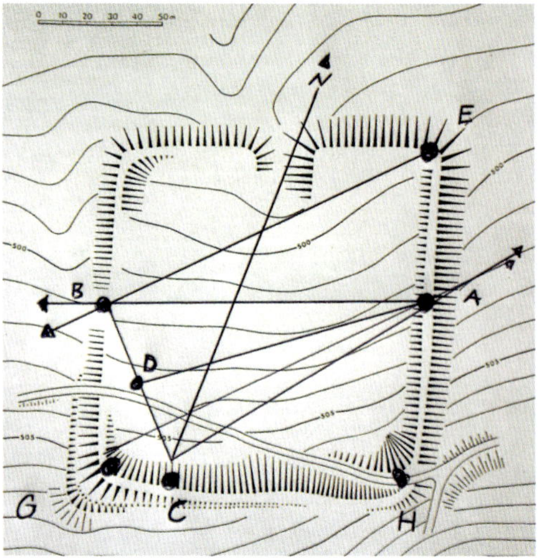

Mögliche Visierlinien (nicht maßstabsgetreu) der Belsener „Keltenschanze", die vermutlich nach dem Lehrsatz von Pythagoras konstruiert wurde.

- Von G über A war der Sonnenaufgang zu Sommerbeginn und
- von E über B der Sonnenuntergang zu Winteranfang anvisiert worden.
- Die Strecke von A nach B könnte auf den Untergang des rötlichen Fixsterns Beteigeuze im Sternbild Orion gerichtet gewesen sein.
- Von C nach A konnte der nördlichste Mondaufgang festgelegt werden.
- Die Punkte A, B und C bilden ein gleichschenkliches Dreieck. Fällt man von A das Lot auf die Seite BC, erhält man Punkt D. Und damit zwei rechtwinklige Dreiecke mit der gemeinsamen Seite AD und den Hypotenusen AB und AC.

Komplette Innenausstattung

Wenn wir nun alle Thesen und Indizien zusammenfassen, ersteht vor unseren Augen eine Anlage mit folgender möglicher Innenausrichtung: Ebener Platz als Versammlungs- und Gerichtsstätte; geschützter Stapelplatz für die Erntegüter der Sippe; sakraler Ort für die Götteranbetung; Opferstätte (Feueraltäre oder Schächte); Gatter für die Opfertiere und die weissagenden heiligen Pferde; Tribüne für die jahreszeitlichen Feste, Tänze, aus denen sich bekanntermaßen dramatische Spiele und Wettkämpfe entwickelt haben; Wohnraum für den Clan-Chef und/oder den „Hausmeister" (Druide, Priester).

Vielleicht liegen wir aber auch völlig daneben. Was werden sich nichts ahnende Archäologen den Kopf zerbrechen müssen, die in einer fernen Zukunft in den Trümmern unserer Welt ebenfalls auf merkwürdige Vierecke stoßen: Überall, meist abseits von Siedlungen, finden sie diese rechteckigen, künstlich geschaffenen Anlagen, mit Resten von vor allem in den Ecken erhöhten Außenwällen. Reste eines großen Tores nach draußen. Dazu Pfostenlöcher auf Innenfläche und – als unzweifelhaftes Merkmal einer Brandkatastrophe – eine bahnähnliche Aschenfläche. Außerdem unzählige Scherbenstücke aus Glas und Kunststoff und rätselhafte Noppen. Darunter auch ein Sensationsfund: Eine Art Anhänger mit den Buchstabenfragmenten „SSV".

Quellen/Anmerkungen:

1 Vgl.: Sensation auf archäologischem Gebiet. Steinlach-Bote vom 6.9.74.
2 Vgl.: Meyer: Archäologische Geheimnisse. Oertel+Spörer, Reutlingen 2002.
3 Wieland: Keltische Viereckschanzen. Einem Rätsel auf der Spur. Theiss, Stuttgart 1999.
4 Schumacher: Gallische Schanze bei Gerichtstetten (Amt Buchau). Karlsruher Altertumsverein 2, 1899.
5 Wieland: Kultanlagen oder Rechteckhöfe? In: Heiligtümer und Opfer der Kelten. Sonderheft. Theiss. 1995.
6 Drexel: Templum. Germania 15, 1931.
7 Goessler: Auf den Spuren altkeltischer Religionsübung in Süddeutschland. In: Neue Beiträge zur Archäologie und Kunstgeschichte Schwabens. Festschrift J. Baum zum 70. Geburtstag. Stuttgart 1952, Seite 27ff.
8 Schwarz: Atlas der spätkeltischen Viereckschanzen Bayerns. München 1959.
9 Bittel/Schiek/Müller: Die keltischen Viereckschanzen. Atlas archäologischer Geländedenkmäler. Theiss.1990.
10 Wieland: Die keltischen Viereckschanzen von Fellbach-Schmieden und Ehingen. Forschung und Berichte zur Vor- und Frühgeschichte in Baden Württemberg, 1998.
11 Schieck: Zu Viereckschanzen und Grabhügeln. Fundberichte aus Baden-Württemberg 7, 1982, Seite 221ff.
12 Krause: Viereckschanzen mit „zentralörtlicher" Funktion. Archäologie in Deutschland 4, 1995, Seite 30ff.
13 Klein: Schachtanlagen in der spätkeltischen Viereckschanze „Klinge", Stadt Riedlingen. Archäologische Ausgrabungen in Baden-Württemberg. Theiss, Stuttgart 1993, Seite 69ff.
14 Wieland/Wahl/von Osten-Woldenburg: Untersuchungen in der spätkeltischen Viereckschanze „Am Scheerer Weg" bei Mengen-Ennetach. Archäologische Ausgrabungen in Baden-Württemberg. Theiss, Stuttgart 1999.
15 Führer zu archäologischen Denkmälern. Zollernalbkreis. Theiss, 2003. Die Viereckschanze im Heidenstädter Öschle/Krautländer, Seite 190ff.
16 900 Jahre Hemmendorf. Rottenburg 2003, Seite 29.
17 Lehmann: Owingen. Geschichte und Geschichten unserer Gemeinde. Horb 1993, Seite 186ff.
18 Führer zu archäologischen Denkmälern in Deutschland: Zollernalbkreis. Theiss, 2003, Seite 65.
19 Burkhardt: Eine Viereckschanze zwischen Kettenacker und Tigerfeld. Hohenzollerische Heimat 1, 1982.
20 Beschreibung des Oberamts Tübingen. 1867, Seite 194ff., und: Rommelsbach einst und jetzt. 1992, Seite 86.
21 Vorgeschichtliche Siedlung Greutenweg. Blätter des Schwäbischen Albvereins, 1909, Seite 151.
22 Wie unter 1. Liste der obertägigen sichtbaren oder durch Grabungen untersuchten Viereckschanzen, Seite 212.
23 Bersu: Viereckschanze bei Einsiedel. Fundberichte aus Schwaben, 1911, Seite 19ff.
24 Lehmann: Stätten der Mantik, Archäologisches Korrespondenzblatt 27, Heft 1. Mainz 1997, Seite 127ff.
25 Anstätt: Flur-, Orts- und Straßennamen der Gemarkung Mössingen. Fritz Druck, 1989.
26 Flurnamen von Ringingen. Festschrift des Musikvereins 1952, Seite 28.
27 Kraus: Ringinger Recht und Herkommen. Hohenzollerische Heimat 1962, Seite 11.
28 Vgl.: Meyer. Archäologische Geheimnisse. Oertel+Spörer, Reutlingen, 2002.

[29] Strobel: Alte Flurnamen. Hohenzollerische Heimat 1961, Seite 43.
[30] Reim: Kulturdenkmale in Baden-Württemberg. Kleiner Führer, Blatt 23, 1976.
[31] Der Aushub errechnet sich aus dem Volumen eines gleichschenklichen Dreiecks mit der Basisbreite 4,5 m, Höhe 2,5 m, Tiefe 1 m: 5,625 Kubikmeter. Diese Zahl mit der Grabenlänge multiplizieren.
[32] Dr. Hans-Dieter Lehmann: Wie unter 24, Seite 128.
[33] Hofmann: Kaiser Karls Kanalbau. Sigmaringen 1969. Seite 43. Vgl.: Morrissey: Vor- und frühgeschichtliche Besiedlung des Schönbuchs: Arbeitsleistung zur Erstellung einer Viereckschanze. DRW-Verlag, 2001, Seite 43.
[34] Lehmann: Besprechung des Buches von Günter Wieland: Keltische Viereckschanzen. Einem Rätsel auf der Spur (Theiss Verlag, 1999). Aus: Bonner Jahrbücher des Rheinischen Landesmuseums in Bonn, 1999, Seite 545.
[35] Schauber: Vorerst keine Grabung in Belsen. Steinlach-Bote, 14.7.1977.
[36] Radiästhesie ist die Lehre von Strahlenwirkungen, die von belebten oder unbelebten Objekten ausgehen und durch Wünschelrute oder Pendel feststellbar sein sollen.
[37] Nach Meinung der Esoteriker die positiven Energieadern des feinstofflichen Körpers der Erde.
[38] Noelle: Die Kelten und ihre Stadt Manching. Vollmer Verlag, Wiesbaden, 1974, Seite 292.
[39] Geise: Keltenschanzen und ihre verborgenen Funktionen. EFODON e.V., (Europäische Gesellschaft für frühgeschichtliche Technologie und Randgebiete der Wissenschaft). Hohenpeißenberg 1998, Seite 126ff.
[40] Mansfeld: Untersuchung an keltischen Viereckschanzen. Fundberichte aus Baden-Württemberg, 1981, Seite 351.
[41] Wie unter 24.
[42] Vgl.: Meyer: Archäologische Geheimnisse. Oertel+Spörer, Reutlingen, 2002.
[43] Ministr/Zeman: Der Kalender der Kelten. Synesis, Heft 1/2002, Seite 6ff. Vgl.: Wie unter 3, Seite 206.
[44] Drößler: Astronomie in Stein. Panorama Verlag, Wiesbaden, Seite 54ff.

Der Alblimes

Als die Lauter und der Nil die Grenzen des römischen Weltreichs bildeten

Wie Klippen ragen die Ausläufer der Alb (Bildmitte Filsenberg) aus der Winterlandschaft. Sie bildeten eindrucksvoll die geografische Grenze zwischen dem römischen Imperium und dem noch unbesetzten Germanien.

Von den nordafrikanischen Stränden am Atlantik bis zum Kaspischen Meer und von den Britischen Inseln quer durchs alte Europa bis zum Schwarzen Meer: An den äußersten Grenzen des römischen Weltreichs in seiner größten Ausdehnung lagen die Quellen des Nils – und die der Großen Lauter auf der Schwäbischen Alb.

Wir schreiben das Jahr 50 nach Christus.[1] Die römischen Legionen stehen am Rhein und schieben sich, der Donau folgend, nach Osten vor. Dort werden Kastelle in Hüfingen, Tuttlingen, Mengen-Ennetach[2], vermutlich Ertingen und Emerkingen errichtet. Der durch den Rhein naturgegebene, abgewinkelte Grenzverlauf führt zur Bildung zweier großer Provinzen nördlich der Alpen: Einmal das linksrheinische „Germania Superior“ mit der Hauptstadt Mainz und dem angrenzenden „Gallien“. Und die zwischen Donau, Inn und Brenner gelegene Provinz „Rätien“ mit der Hauptstadt Augsburg. Noch im Jahr 1135 nennt der Zwiefalter Mönch Ortlieb seine Heimatberge „Alpes raetianas“ – die rätische Alb.[3]

Der genaue Grenzverlauf über die Alb liegt noch unerforscht im Dunkeln.

Die strategischen und verkehrspolitischen Nachteile der beiden Provinzen im Verhältnis zueinander werden mit dem Bau einer Rhein-Donau-Straße durch Feindesland bereinigt. Von Straßburg (Argentorarte) aus legen Pioniereinheiten, gesichert von der VIII. Legion, eine Route quer über den Schwarzwald (Abnoba Mons) – die Kinzigtalstraße. Sie führt über Waldmössingen via Sulz, „Häsenbühl“, bei Geislingen[4] und Lautlingen nach Laiz/Donau[5] und ist um das Jahr 74 fertig gestellt. In diesem faktisch neu eroberten Gebiet wird als Mittelpunkt das „Municipium Arae Flaviae“ gegründet – Rottweil, die älteste südwestdeutsche Stadt.

Erste Stadt Südwestdeutschlands wird gegründet

Bedingt durch diesen Flankenschutz im Westen, verlegen die Römer ihre Kastelle von der Donau nach Norden vor. Eine neue Grenze wird gezogen – der „Alblimes“. „Limes“ meint eigentlich „Streifen“, und ist stammverwandt mit „Striemen“. Ein „Limes“ ist also nicht gleichbedeutend mit einem Mauerbau, sondern steht in unserem Fall für eine durch Kastelle und Straßen be- und gefestigte Grenze.

Unser Wissen über den unsere Region betreffenden Abschnitt des „Alblimes“, der rund ein Jahrzehnt die Nordgrenze des römischen Weltreiches bildete, ist sehr lückenhaft. So bleibt das Wiederauffinden des alten Straßenverlaufs eine spannende Sache, insbesondere für aufmerksame Wanderer, die bei entsprechender Witterung im Gelände vielleicht auf sich abzeichnende Bodenerhebungen stoßen. Im Folgenden der Versuch einer Rekonstruktion der mutmaßlichen Grenzstraße, die der eigentlichen Grenze (vermutlich dem Albrand) parallel im Hinterland folgte.

Größtes römisches Militärlager bei Lautlingen

1. Standort:

Einige hundert Jahre vor der Gründung des Ortes Lautlingen legten die Römer um 80 nach Christus genau auf dem Verlauf der Wasserscheide von Rhein und Donau ein Lager an.[6] Die trapezförmige Anlage (Seitenlänge ca. 250 Meter) ist heute oberirdisch nicht mehr zu sehen, aber im Gelände lokalisierbar. Sie verläuft zweihundert Meter westlich genau parallel zur Ostseite des „Badkap". Das sechs Hektar große Lager wird im Norden durch die Kreisstraße Ebingen–Margrethausen begrenzt, im Süden durch die Bahnlinie Ebingen–Lautlingen.

Standort des römischen Kastells an der Bundesstraße zwischen Lautlingen (Bildmitte „Badkap") und Ebingen (links, außerhalb des Bildes). Rechts zu erkennen die etwas abgesackte nördliche Seite der je 250 Meter langen trapezförmigen Militärbasis.

2. Militärische Bedeutung:

Es war einerseits der westlichste Militärstützpunkt der Alblinie, dessen Ausweitung nach Osten von dort aus militärisch abgesichert werden musste. Andererseits war das Lager ein wichtiger Posten auf der Passhöhe der Straße, die, vom Kinzigtal über Sulz kommend, weiter zur Donau (Laiz) verlief. Die genaue strategische Bedeutung dieser bislang größten in Baden-Württemberg entdeckten Militäranlage bleibt jedoch ein Rätsel. Eigentlich ist es kein richtiges „Limes-Kastell“, sondern ein vorübergehender Stützpunkt.

3. Stationierte Einheiten:

Lautlingen war kaum mehr als drei Jahre mit Soldaten belegt. Stationiert waren Hilfstruppen, so genannte Auxiliareinheiten. Ein Mischverband aus einem Viertel Kavallerie und drei Vierteln Infanterie. Insgesamt vier Kohorten, was rund 2.000 Mann entsprechen würde. Bislang sind zwar Siedlungsspuren, aber kein Lagerdorf (vicus) in der Nähe entdeckt worden, womit anzunehmen ist, dass sich innerhalb der aus Holz gebauten Anlage auch einige hundert Zivilisten aufgehalten haben müssen. Die Entfernung nach Laiz betrug 25 Kilometer.

Blick entlang der nördlichen Kastellseite (Ackergrenze) in Richtung Ortsbeginn Ebingen. Dort verläuft zudem die Wasserscheide Rhein–Donau.

4. Entdeckungsgeschichte:

Die Flurnamen „Steinhaus“ und „Todtlend“ (meint ödes Land) weckten schon 1840 das Interesse der Forscher. Doch erst in den 20er-Jahren wurde die Militäranlage ergraben. Fundmaterial und Grabungsunterlagen sind größtenteils verschollen. Einzig eine aus Stubensandstein gefertigte Halbsäule hat im Ebinger Heimatmuseum die Zeit überdauert. Sie stammt vielleicht aus einer Straßenstation, die auf der Passhöhe dieser Fernroute eigentlich nicht wegzudenken ist.

Unentdecktes Alblimes-Kastell in Ebingen?

Ob Lautlingen über Ebingen oder über Straßberg an das nächste Kastell bei Burladingen angebunden wurde, ist ungeklärt. Für Ebingen spräche der Fund eines militärischen Inschriften-Bruchstückes, Kaiser Traian (98–117) gewidmet.[7] Weitere Fundstellen aus der Zeit des Kaisers Domitianus (81–96) nähren den Verdacht, dass am Westrand von Ebingen ein bislang nicht entdecktes Steinkastell des Alblimes gestanden haben könnte.

A) Möglicher Limesverlauf Lautlingen–Ebingen–Burladingen:

Zwei Kilometer nördlich von Ebingen in Richtung Truchtelfingen gibt es rechts der Schmiecha eine alte „Mönchssteige“ auf die Albhochfläche. Dort oben angekommen, lässt sich eine schnurgerade Weglinie in Nord-Ost-Richtung sowohl auf der Karte als auch im Gelände nachweisen. Am deutlichsten verläuft die Linie jenseits der Kreisstraße Truchtelfingen–Bitz als Feldweg mitten durch das Degerfeld direkt auf die Gebäude des Fluggeländes zu.

Die von dort weiter nach Hermannsdorf führende Kreisstraße scheint direkt über den römischen Weg gebaut worden zu sein. Die neuzeitliche Straße biegt einen Kilometer hinter Hermannsdorf langsam nach Osten ab, um hinab ins Tal nach Burladingen zu stoßen. Geradeaus kommt man jedoch direkt auf den Standort des nächsten Kastells.[8] Ein Hohlweg an der Westseite des „Delisberges“, dessen Verlängerung auf 800 Meter die Markungsgrenze Hausen–Burladingen bildet, ist Beleg für sein hohes Alter. Die Entfernung Laiz–Burladingen betrug 27 Kilometer.

Auf dem Fluggelände „Degerfeld“ und der Waldschneise im Hintergrund ist der geradlinige ehemalige Verlauf der römischen Straße noch deutlich sichtbar.

B) Möglicher Limesverlauf Laiz–Winterlingen:

Die römische Fernstraße Donau–Rhein lässt sich von Laiz aus nach Norden gut nachweisen. Seit Jahrhunderten führt sie die Bezeichnung „Hochstraße". Sie ist sogar identisch mit der Trasse der Schnellstraße zwischen Neuhaus und Winterlingen. Nach dem Abstieg ins Tal lief sie als „Heerweg" neben oder bis zu 1,50 Meter unter dem Straßenkörper der heutigen B 463 durch Albstadt nach Balingen.

Bei dem nach ihr benannten Ort Straßberg mussten die alten wie die neuen Wegebauer dem „Schmeietal" Tribut zollen und einen Bogen nach Westen einschlagen. Die römische Steige führte am Nordrand des Schlosswäldchens hinab, einige hundert Meter südlich der heutigen. Bereits hier und nicht erst in Ebingen könnte der geradeaus nach Norden weiter laufende „Alblimes" begonnen haben.

C) Möglicher Limesverlauf Winterlingen–Burladingen:

Was die Flurbereinigung zerstückelt hat, retten wenigstens alte Flurnamen in unsere Zeit hinüber. Ein von Winterlingen nach Norden ziehender „Schiedweg" erinnert an eine alte Gerichtsstätte, die bevorzugt an Römerstraßen eingerichtet worden war. Hinter dem „Fachberg" und im „Brandwäldle" sind Waldarbeiter ab und an auf alte Steinkörper gestoßen.[9] Der Weg muss unter der 1892 fertig gestellten Landesstraße Winterlingen–Bitz konsequent nördlich weiter geführt worden sein. Denn parallel dazu stieß man auf ein exakt 4,8 Meter breites Feld aus Weißjurasteinen.[10] Verdächtig auch die Bezeichnung des aufgeforsteten Waldes; er heißt „Hecke" und „Lange Hecke", was für „antike Leitplanken" spricht.

Vom Standort des Kastells bei Burladingen (rechts, außerhalb des Bildes) konnte man den Pass ins „Killertal" einsehen.

Wo der Wald durch eine große Weidefläche des Hofes „Hermannslust“ unterbrochen ist, tritt die alte Straße als gut sichtbarer, fünf Meter breiter, wenngleich zerfahrener, steinerner Damm im Wiesen-Zwischenstück zutage. Er taucht östlich von dem mit keltischen Grabhügeln übersäten Flurstück „Dürrenbühl“ wieder in den Wald ein. Nach hundert Metern gehen die eindeutigen Spuren verloren. Wir müssen uns seine Fortsetzung mitten durch Bitz denken, denn bei Hermannsdorf vereinigt er sich mit der genannten alternativen „Alblimes“-Linie, die von Lautlingen kommt.

Brandkatastrophe im Kastell Burladingen

1. Standort:

Dort wo die von Hausen im Killertal nach Burladingen führende Bundesstraße 32 die Anhöhe erreicht, lag rechter Hand das Kastellgelände. Ebenfalls auf einer Wasserscheide errichtet; hier auf 730 Metern Meereshöhe an der Trennlinie Starzel–Neckar und Vehla–Lauchert. Das zunächst aus Holz und Erdwällen bestehende quadratische Kastell (Seitenlänge ca. 140 Meter) wurde nach rund zehn Jahren in Stein ausgebaut.[11]

2. Militärische Bedeutung:

Der Standort des Kastells war optimal ausgesucht worden: Von hier aus konnte die Pass-Straße völlig eingesehen und kontrolliert werden. Nach dem Verschieben der Grenze an den Neckar wurde es wohl zu

Rekonstruktion des Lagers bei Burladingen, in dem wohl eine 500 Mann starke Infanterie-Einheit stationiert war.

einem rückwärtigen Basislager umgebaut. Rund zweihundert Meter Luftlinie vom Kastell entfernt befinden sich die Reste einer aus mehreren Steinbauten (Rasthaus, Polizeiposten) bestehenden Straßenstation.[12]

Erst 1984 fand sich bei Grabungen[13] ein Anhaltspunkt auf eine direkt nach Süden führende Verbindungsstraße durch das Fehla- und Laucherttal, vermutlich zum Kastell Mengen-Ennetach hin. Damit wird der Flurname „Heerstraße“ in Gauselfingen verständlich. Der Verlauf ist jedoch gänzlich unerforscht. Diese Kastell-Direktverbindung leuchtet ein, da die Römer ihre direkte „Umzugsstrecke“ nach Norden für den Ernstfall wohl auch als „Rückzugsstrecke“ nutzen wollten.

Vergeblich hat man bislang eindeutige römische Wege-Spuren durchs „Killertal“ nach Stein und/oder Rotttenburg gesucht. Eine Militärstraße ist, wenn überhaupt, erst bei der erneuten Vorverlegung der Grenze an den Neckar angelegt worden.

3. Stationierte Einheiten:

Vermutlich war in der fast zwei Hektar großen Anlage eine 500 Mann starke Kohorte stationiert. Über deren Zusammenstellung ist nichts bekannt. Der Baubeginn war um das Jahr 80. Geschätzte dreißig Jahre später zerstörte ein Großbrand das Kastell. Ob der Auslöser ein Unglück, ein feindlicher Überfall oder ein strategischer Akt war, muss offen bleiben. Sicher ist, dass es nördlich und östlich des Lagers eine Siedlung gegeben hat, die bis zum Einfall der Alamannen (ab 233) fortbestand.

4. Entdeckungsgeschichte:

Erst 1898 war die wohl schon immer landwirtschaftlich genutzte Fläche so weit abgetragen, dass ein Bauer mit seinem Pflug an einer Steinmauer hängen blieb. Beim Bau der Eisenbahn 1899 durchstieß man eine mit Amphoren und Ziegeln übersäte Fläche, vielleicht ein Gräberfeld.[14] Doch erst 1912 kam es zu fundierten Grabungen: „Alsbald zeigte sich nur wenige Zentimeter unter der Oberfläche ein auffallend langer Mauerzug, wohl 1,80 Meter dick, bald auch ein Tor, vier Meter breit, flankiert von zwei vorspringenden Türmen mit vier Metern im Geviert.“[15]

A) Möglicher Limesverlauf Burladingen–Melchingen:

Beim Blick auf neues Kartenmaterial lassen sich auf Burladinger Gebiet keine Anhaltspunkte für eine nach Norden weiterführende Römerstraße finden. Das „Aha-Erlebnis“ stellt sich erst beim Studium älterer Kartenwerke ein: Wo die heutige Ortsgrenze im Zickzack über unzäh-

Blick über das ehemalige Römerlager hinweg nach Norden. Der Alblimes führte schnurgerade über das „Tiefental" (Bildmitte, eingedellter Berghorizont) in Richtung Ringingen.

lige Markungssteine im Westen verläuft, war in alten Zeiten eine geradlinige Grenze eingezeichnet. Und diese lief südlich auf das Kastell zu (dort als Römerstraße nachgewiesen) bis hoch zum heutigen Sportplatz. Auch die unmittelbar daran anschließenden Markungsgrenzen durchs „Tiefental" zwischen Starzeln und Killer (links der Grenze) und Ringingen (rechts davon) halten sich an eine gerade Linie. Die alamannischen Dorfgründer haben also ihre Stammesgebiete mit römischen Straßen abgesteckt.[16]

Uralte (Maul-)Eselsteige?

Der Geradlinigkeit zum Trotz mussten die Römer dem Verlauf der Schwäbischen Alb folgen, weswegen bei Ringingen ausnahmsweise ein großer Bogen eingeschlagen wurde, der aber sofort wieder nach Nordosten führt. Der fast gerade über den Sattel der „Burghalde"[17] und abwärts am „Käpfle" hin auf Melchingen zielende Weg muss aus einem weithin gerade geführten alten künstlichen Weg entstanden sein.[18] Überraschend ist, dass wir in der geraden Verlängerung durch(!) die Kirche Richtung Hochbehälter („Pfaffenberg") auf ein Wegstück kommen, das, so die ältesten Einwohner, „seit Menschengedenken Eselsteige genannt wird." Da diese aber weder zu einer Mühle führt noch einen unmittelbaren Zugang zum Dorf hat, darf man am ehesten an die Maulesel (Mulis) der römischen Truppe denken.

Von der „Lauchert"-Quelle nach Westen geblickt, sahen die Römer auf den „Kornbühl", der jetzt die Salmendinger Kapelle trägt. Kaum denkbar, dass sie den exponierten Berg nicht in ihre Grenzsicherung mit einbezogen.

Bei Melchingen gab es einen Verkehrsknotenpunkt. Einerseits haben wir in Talheim einen „Heerweg", der sich bis nach Mössingen zieht. Er wird wohl kaum am Albrand in einer Sackgasse geendet haben. Die alte Steige führte zwischen „Ruchberg" und „Riedernberg" dort auf die Höhe, wo der Willmandinger Flurname „Steinmäuerle" viel versprechend römisch klingt. In gerader Fortsetzung nach Undingen zu gibt es eine „Heergasse", an der die mit römischen Ziegelresten gespickte Anhöhe der „Bettburg" liegt. Selbige liegt gleichsam an einer uralten Wegroute über den Filsenberg hinab nach Öschingen.

B) Möglicher Limes-Verlauf Melchingen–Engstingen:

Dem Gelände und der Logik nach zu urteilen, muss der römische Weg an der „Lauchert"-Quelle vorbei durch die Fluren „Kalkofen" und „Am Heid(en?)wegle" verlaufen sein. Die Namen weisen eindeutig auf Römer hin. Außerdem findet man auf den Feldern uralte Wegteilstücke und auffallend viele Steine. Beim Queren der Landesstraße Erpfingen–Undingen durch das „Lange Tal" stoßen wir wieder auf eine Flur „Kalkofen", wenn auch südlicher unserer Linie. Verdächtig auch der östlich von Erpfingen überlieferte Gewandname „Weiler", der ein Hinweis auf eine römische „Villa" sein könnte.

Unmittelbar nördlich des möglichen „Alblimes" liegt die „Karls- und Bärenhöhle". Bei der Höhlendach-Öffnung wurde 1860 ein zwölf Meter breiter und fünf Meter hoher Knochenschutthaufen entdeckt!

Die unerklärliche „Bettburg" bei Willmandingen. Maulwürfe bringen ab und an römische Ziegelreste ans Tageslicht.

Unter 50 mittelalterlichen Skeletten fand man etwa zwanzig Schädel, Urnenreste und seltene römische Scherbenreste (Sigillaten) aus dem zweiten Jahrhundert.[19]

Halbwegs sicher können wir die römische Route erst wieder einen Kilometer hinter der Abfahrt zur Höhle an der Kreisstraße ausmachen. Während die von Erpfingen kommende K 6767 nach Südost auf die Haid zusteuert, muss die Römerstraße ihrer Nordostlinie treu bleibend, durch den Wald „Hummelberg" auf Großengstingen geführt haben. Sie durchschneidet dort ein großes Grabhügelfeld, von späterer landwirtschaftlicher Bearbeitung geschützt, wird sie sich konserviert unter dem Waldboden finden.

Ein „Melchinger Weg" bei Engstingen!

Am „Pfaffenberg" vorbei führte noch in der Mitte des 19. Jahrhunderts ein „Melchinger Weg"(!), dessen Spur mittlerweile fast verwischt ist, aber als Gewand „Steinweg" weiterlebt. Auch ein Indiz für die Römer, denn die Benennung macht geologisch keinen Sinn. Ferner führt dieser Weg, der mit der 1823 fertig gestellten, ehemaligen Straße Trochtelfingen–Engstingen identisch ist (westlich parallel zur heutigen B 313), bis zu einer Verbiegung. Von dort an erkennt man, dass die ursprüngliche Linie nach Nordosten weiter läuft und an Großengstingen vorbeiführt, also schon bestand, als es den Ort noch gar nicht gab.[20]

Früher querte der „Alblimes" südlich von der „Bärenhöhle". Heute verläuft hier eine „Albloipe".

C) Möglicher Limes-Verlauf Engstingen–Gomadingen:

Nördlich von Großengstingen stoßen wir auf einen wichtigen Knotenpunkt.[21] Dort ist uns das „Hochgesträß" (hoher Straßendamm) namentlich überliefert. Es verband, nachdem die Grenze von der Alb bis zum Neckar vorgeschoben worden war, die beiden Provinzen Rätien und Obergermanien. Diese „Echaztalstraße" (als kleine Variante der „Kinzigtalstraße") führte über Honau, Pfullingen, Gmindersdorf, Betzingen, Wannweil nach Kirchheim und Tällinsfurt, um dort auf die Fernstraße Zurzach–Hüfingen–Rottweil–Rottenburg–Köngen zu stoßen.

„Hochgesträß" und „Heerstraße"

Zurück zum „Alblimes", der südlich von Kohlstetten im Trockental bis zur Quelle der Großen Lauter nach Offenhausen verlaufen sein könnte: Zumindest ist dieser weiter Richtung Münsingen verlaufende Weg sehr alt; er hieß früher „Heerstraße".[22] Straßenunterlagen sind möglicherweise beim Bau der Eisenbahn angeschnitten worden.

Von Offenhausen gelangt man am besten nördlich der Lauter zum Kastell bei Gomadingen. Ein deutliches Stück der Römerstraße fand sich deshalb auch kurz vor dem Übergang (Furt, Brücke?) zur Gächinger Lauter; eine in Fels gehauene, künstliche Steige. Verlängert man den Hauptteil dieser Steige hinüber zur „Schwärze“, stößt es auf ein durch die Äcker hinführendes, oberflächlich nicht sichtbares römisches Stück Straße.[23]

Verkehrsknotenpunkt Gomadinger Kastell

1. Standort:

Nördlich von Gomadingen treffen vier Täler aufeinander: Das von Offenhausen kommende, nach Marbach führende Tal der „Großen Lauter“, das „Zizenhauser Tal“ von Gächingen („Gächinger Lauter“), sowie das sich nach Steingebronn ziehende Tal des „Schörzbachs“. Am Schnittpunkt der Flüsse, der Täler und den sie durchziehenden Verkehrsstraßen lag das Kastell erhöht auf einer natürlichen Terrasse.

2. Militärische Bedeutung:

Von dieser Kreuzung aus hatten die Römer eine hervorragende Sicht in alle Täler. Dort auch vorrömische Wegeverbindungen zu decken, scheint Hauptaufgabe der hier stationierten Soldaten gewesen zu sein. Die Entfernung Burladingen–Gomadingen betrug 27,5 Kilometer.

3. Stationierte Einheiten:

Der glückliche Fund einer beschrifteten Lanzenspitze („Die Lanze des Junius aus der Turma des Octavius)“ im Wehrgraben des quadratischen Kastells (ca. 130 m) lässt Rückschlüsse auf die Besatzung zu.[24] Demnach waren neben Infanteristen auch Reiter stationiert. Der Baubeginn war irgendwann nach dem Jahr 85. Nördlich des Kastells, also neben der Landesstraße von Münsingen nach Engstingen, lag die Zivilsiedlung. Die Fundfragmente lassen den Schluss zu, dass aus einem anfänglichen Holzbarackendorf ein späterer, aus Stein gebauter Gutshof entstanden ist. Der könnte nach Aufgabe des Kastells (um 110) errichtet worden sein.

Ob es wie in Burladingen einen Rückverbindungsweg an die Donau gab, ist nicht nachgewiesen, aber wahrscheinlich. Es bleibt eine reizvolle Aufgabe, festzustellen, ob sich entweder auf der Linie Ödenwaldstetten–Hayingen–Zwiefaltendorf oder geradliniger über Eglingen–Ehestetten–Hayingen–Emerkingen eine römische Straße nachweisen lässt.

Rätselhaft auch der höchstwahrscheinlich nach Norden weiterführende Verlauf einer römischen Anbindung ans Tal. Nur, ging sie über Gächingen, Würtingen und Eningen, mit Siedlungsresten[25] am Lindenhof? Oder lief sie über Sirchingen[26] (westlich des Ortes gibt es einen „Heerweg“) und Urach?

4. Entdeckungsgeschichte:

Schon 1909 wurden im Umfeld der Flur „Kalkofen" und „Schwärze" (von der Farbe des Kulturbodens) Siedlungsspuren entdeckt, darunter eine hölzerne Quellfassung. Beim Straßenbau 1966 scheinen die Bagger den Teil eines Gräberfeldes zerstört zu haben. Erst 1977 gelang den beiden hartnäckigen Heimatforschern Heinz und Klaus Besch aus der Luft die Lokalisierung des Kastells, das sich durch dunkle Verfärbungen in den Äckern der Flur „Hasenberg" abzeichnete. Scherben-, Münz- und Mauerfunde werden auch heute noch gemacht; eine gründliche Erforschung des gesamten Areals ist nicht erfolgt.[27]

A) Möglicher Limesverlauf Gomadingen–Münsingen:

Die von Gomadingen nach Münsingen führende Landesstraße 230 ist bei Steingebronn auf der Trasse der Römer erbaut worden. Sie heißt seit alters her „Hochgesträß". Am „Ochsenberg" haben Bauern den sie störenden Damm ausgebrochen. Weiter östlich stoßen wir auf eine von Herzog Karl angelegte Kurierstraße Grafeneck–Urach. Während die neuzeitliche Straße parallel zur Eisenbahn durch das „Baumtal" verläuft, scheint der mögliche „Alblimes" nördlich davon verlaufen zu sein. Östlich des Segelfluggeländes gibt die Flur „Gemauerter Weg" einen deutlichen Hinweis. Vermutlich lief die Straße zwischen dem

Die Kirchturmspitze zeigt auf die Kommandantur: Das Kastell bei Gomadingen lag (jetzt von Feldwegen eingefasst) wie eine römische Insel inmitten der Albhochfläche.

Heute wie vor 2000 Jahren rollt der Verkehr auf derselben Trasse in Richtung Münsingen.

„Stadtbach" und dem „Alenbrunnen" auf das damals noch nicht existierende Münsingen zu.

Sie ist noch 1431 als Landstraße überliefert, wurde aber später über die Fauserhöhe (ehemals Egenhausen) und Marbach nach Westen geführt. Durch die Anlage der Stadt sind freilich dort alle Spuren verloren gegangen. Den weiteren Geländespuren nach, machte die Römerstraße hinter dem heutigen Krankenhaus einen Bogen in das Trockental zwischen „Weißgerberberg" und „Eckenlau", wo jetzt die Straße nach Gruorn verläuft.

B) Möglicher Limesverlauf Münsingen–Donnstetten:

Nordöstlich von Trailfingen steuerte sie auf den „Armenbühl" zu, ließ ihn links liegen, um „Bei der Zitterasch" auf die schnurgerade Straße Richtung Zainingen zuzusteuern. Teilweise ist der heutige Weg hier mitten im Truppenübungsplatz, wie fast alle historischen Geländegegebenheiten, noch gut erhalten. Der Überlieferung nach soll der Kirchturm von Zainingen direkt auf der römischen Straße (Tempel am Wegrand?) gebaut worden sein.[28]

Südlich von Zainingen, im Gewand „Lange Hecke", biegt die Römerstraße auf die Trasse der heutigen B 28, die früher „Breiter Weg" hieß. Während die Bundesstraße nach Süden Richtung Feldstetten abschwenkt, scheint sich der antike Weg zu verzweigen. Einmal in Nordostrichtung, wo er unterhalb von Heuberg, das „Menzentäle" (meint Münzen, von Funden solcher) als Markungsgrenze durchziehend, südlich Westernheim passiert.[29] Dort läuft er als „Hochgesträß" an einer keltischen Viereckschanze vorbei, dessen Herren, der örtlichen Sage nach, die Straße gebaut haben sollen. Von dort, von der Autobahn geschnitten, geht es auf teilweise 5,2 Meter breiter Trasse weiter Richtung Urspring.

Östlich von Zainingen, inmitten eines großen Grabhügelfeldes, biegt die Römerstraße nach Norden ab, auf das Kastell Donnstetten zusteuernd. Sehr wahrscheinlich im heutigen Verlauf der Bundesstraße 465, die, in ihrer Querbindung zum Neckar, bei Gutenberg („Eselsteig") ins Lenninger Tal absteigt.

Wo lag das Hauptlager „Clarenna"?

1. Standort:

Südlich des Römersteiner Teilorts Donnstetten auf der wasserlosen Anhöhe des „Hasenhäuslesberg" stand ein wohl improvisiertes Kastell, di-

Lage der mutmaßlichen römischen Zivilsiedlung östlich von Donnstetten. Am linken Bildrand hebt sich eine künstliche Linie unter dem Schnee ab.

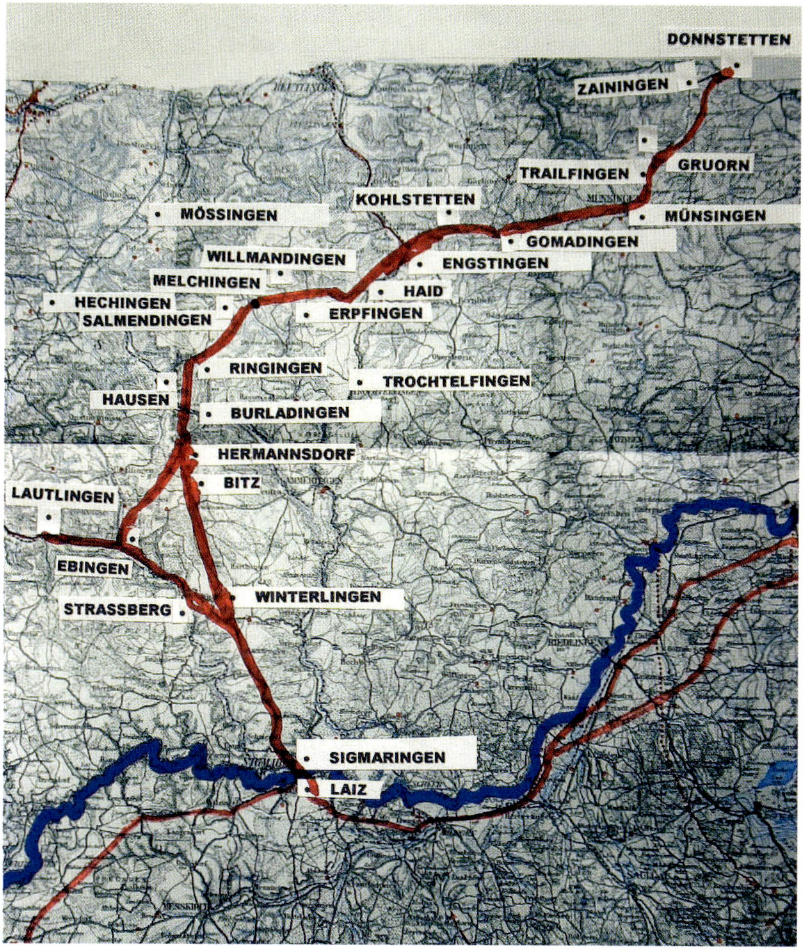

Der Verlauf des ab dem Jahr 85 nach Christus angelegten „Alblimes" zwischen Laiz und Donnstetten. Zuvor bildete die Donau die Grenze zwischen dem Römischen Reich und Germanien (Strecke siehe Bild unten). Über Straßberg und Lautlingen wurde außerdem eine Fernstraße durch Feindesgebiet über den Schwarzwald an den Rhein gebaut.

rekt neben der Bundesstraße 465. Möglicherweise ist der Standort – aber nicht das Lager – identisch mit dem in der römischen Peutinger-Straßenkarte[30] eingezeichneten Militärlager „Clarenna".

2. Militärische Bedeutung:

Beim heutigen Donnstetten stieß vermutlich die in der antiken Verkehrskarte eingezeichnete Fernstraße vom Oberrhein–Baar–Neckartal über Köngen auf den Alblimes. Die Entfernung zum nächsten Kastell Urspring betrug 28,5 Kilometer, nach Gomadingen waren es rund 23 km.

3. Stationierte Einheiten:

Das mit an die sechzig Meter im Quadrat recht kleine Kastell beherbergte spätestens seit dem Jahre 90 höchstens hundert Soldaten. Eine Ungereimtheit, die nicht so recht zu den übrigen „Alblimes"-Standorten passt. Umso mehr, da die Zivilsiedlung einige hundert Meter nördlich, und damit außergewöhnlich weit entfernt aufgespürt wurde. Mit größter Wahrscheinlichkeit befindet sich das Hauptkastell noch unentdeckt im Albboden. Während die Garnison zur Mitte des zweiten Jahrhunderts aufgelöst worden war, bestand die Außensiedlung samt einer Straßenstation wohl noch fast hundert Jahre weiter und machte wohl dieselbe Entwicklung wie in Gomadingen durch. Verschollen ist bis heute das Gräberfeld.[31]

4. Entdeckungsgeschichte:

Nachdem der Ortspfarrer 1895 kleinere Grabungen gemacht hatte, dauerte es noch achtzig Jahre, ehe es mithilfe von Luftbildern gelang, die sich im Ackergelände abzeichnenden dunklen Streifen als Kastellgräben zu deuten. Eine Untersuchung ist bis heute nicht erfolgt. Nördlich des Kastells, an einem abfallenden Hang, stößt man immer wieder auf Kleinfunde (Knochen, Scherben, Teile), die den Schluss zulassen, dass hier die Müllhalde des Lagers lag. Bereits um 1902 war man fünfhundert Meter nördlich des Kastells, östlich von Donnstetten, an der Straße nach Westernheim auf einer Fläche von 350 auf 150 Metern auf Siedlungsspuren gestoßen. Darunter ein mehrmals umgebautes Badegebäude.[32]

A) Der weitere Verlauf des Alblimes:

Weitere Kastelle außerhalb unserer Region finden sich in Urspring, Langenau, Heidenheim und Oberdorf. Von dort zog sich die Nordgrenze der Provinz Rätien über Munningen, Aufkirchen, Unterschwaningen, Gnotzheim, Weißenburg, Pfünz, Pförring bis zur Donau nach Eining (kurz vor Regensburg).

Hasen entdecken Römerbauten

In auffälliger Weise findet sich der Name „Hase(l)" in den Flurbezeichnungen der römischen Ruinen wieder („Häsenbühl", „Hasental", „Hasenberg", „Hasenhäuslesberg", auch als „Haslach"). Ein vielfach sicherer Hinweis auf bewohnte Orte, die im Laufe der Jahrhunderte verfielen und als Ödplätze erhalten blieben.[33] Wenn solche Plätze sich selbst überlassen wurden, überzog sich ihre Oberfläche mit Unkraut und wild wachsendem Gestrüpp und Gebüsch. Holder und Hasel wachsen gerne auf diesen Ödlandstreifen, Feldhasen finden hier gute Unterschlupfmöglichkeiten.

Als Ganzes betrachtet ist der 260 Kilometer lange „Alblimes" eine absolute Meisterleistung der antiken Ingenieure. Sie konnten sich offenbar innerhalb kürzester Zeit in das riesige Gelände „hineindenken". Die Straße verläuft meist auf oder nahe der Wasserscheiden Rhein–Donau–Neckar. Sie fügt sich perfekt ins Gelände, schmiegt sich geradezu an Tälern und Hängen entlang. Steigungen braucht sie nur vereinzelt, die Höhenunterschiede sind auf die Länge gesehen unbedeutend. Wenn man in ferner Zukunft eine Hochgeschwindigkeitsstrecke der Bahn vom Donautal bis nach Heidenheim bauen wollte, wäre die Trasse des zweitausend Jahre alten „Alblimes" die beste Wahl.

Quellen/Anmerkungen:

1 Im Folgenden aus: Die Römer in Baden-Württemberg. Theiss, Stuttgart, Neuauflage 1986.
2 Das 1,4 Hektar große Holz-Erde-Lager auf dem „Ennetacher Berg" wurde erst 2001/02 durch Grabungen nachgewiesen. Näheres darüber im Römermuseum (Kastellstraße, Tel. 07572 769504).
3 Hans Widmann: Schwäbische Alb. Geschichte eines Namens. Verlag Schwäbischer Albverein, 1957, Seite 49.
4 Siehe gesondertes Kapitel in diesem Buch.
5 Ursprünglich scheint der Verlauf über Rottweil und Frittlingen (neu entdecktes Kastell) nach Tuttlingen geplant gewesen zu sein. Die rasche Eroberung führte aber schnell dazu, dass sich die Grenze weiter nach Osten verschieben ließ. Womit die Kinzigtalstraße von Waldmössingen über Sulz (Salzader entdeckt) und Geislingen nach Lautlingen und Laiz verlief. Führer zu archäologischen Denkmälern: Rottweil. 29. Theiss, 1990, Seite 49.
6 Lautlingen und Albstadt betreffend, hier nicht näher belegt, aus der Quellensammlung von: Jens-Florian Ebert: Das ehemalige römische Kastell von Albstadt-Lautlingen. Heimatkundliche Blätter, Balingen. Nr. 1, 2003.
7 Einen Kilometer östlich des Bahnhofes. Paret: Fundberichte aus Schwaben, 1928, Seite 77ff. Weitere Funde 1972.
8 Hertlein/Goeßler: Die Straßen und Wehranlagen des römischen Württemberg. Kohlhammer, 1930, Seite 225.
9 Fundberichte aus Schwaben, 1924 II, Seite 67ff.
10 Blickle: Staatsanzeiger, 1892, Seite 207.
11 Reim: Ausgrabungen des römischen Kastells bei Hausen. Archäologische Ausgrabungen 1974, Seite 30ff.
12 Hans Grubmiller: Das römische Kastell Burladingen-Hausen. Hohenzollerische Heimat, 1978, Nr. 4, Seite 50.
13 Jörg Heiligmann. Der Alblimes. Theiss, 1990, Seite 52.
14 Fundberichte aus Schwaben 1899, Seite 5ff.
15 Fritz Herrigel: Römisches Kastell bei Burladingen. Blätter des Schwäbischen Albvereins 1912, Seite 137ff.
16 August Speidel: Burladinger Heimatbuch, 1958, Karte Seite 45.
17 Siehe Kapitel in diesem Buch. Vgl.: Meyer. Unbekannte Volksburg. In: Rätsel der Geschichte, Oertel+Spörer, Reutlingen, 2003.
18 Wie unter 7: Der Alblimes und seine Fortsetzungen, Seite 228.
19 Beschreibung des Oberamts Reutlingen, 1893, Seite 397.
20 Blätter des Schwäbischen Albvereins, 1908, Seite 150.

[21] Siehe auch das Kapitel über die Burgen der Lichtensteiner in diesem Buch.
[22] Weller: Alte Reichsstraßen im heutigen Württemberg. Württembergische Vierteljahreshefte, 1927, Seite 33.
[23] Wie unter 7. Seite 232.
[24] Fundberichte aus Schwaben 1909, Seite 32; 1913, Seite 53; 1926, Seite 120.
[25] Siedlungsreste 3,6 km ostsüdöstlich im Hof des Albgutes. Fundberichte aus Schwaben, 1914/16. Seite 18.
[26] Siedlungsreste „Am hohlen Fels“ 1,5 km südöstlich Upfingen. Fundberichte aus Schwaben 1935/38. Seite 41.
[27] Katalog der vor- und frühgeschichtlichen Fundstellen im Kreis Reutlingen. Thorbecke, 1997. Seite 16.
[28] Beschreibung des Oberamts Münsingen, 1825. Seite 13.
[29] Es ist das 1777 entdeckte und bis nach Heidenheim nachweisbare Stück Römerstraße. Vgl.: Sattler: Topographische Geschichte Württembergs, Seite 507.
[30] Die Tabula Peutingeriana ist die mittelalterliche Kopie einer (ungenauen) antiken Straßenkarte aus dem 4. Jahrhundert. Sie zeigt auf einer Länge von 6,8 Metern und 34 Zentimetern Höhe das römische Weltreich. Darunter eine Straße, die von Vindonissa (Windisch), Tenedo (Zurzach), Juliomagus (Schleitheim) über Brigobanne (Hüfingen) nach Arae Flaviae (Rottweil) über Sumelocenna (Rottenburg) nach Grinario (Köngen) und weiter nach Clarenna (Donnstetten?) und Ad Lunam (Urspring?) sowie Aquileia (Heidenheim) etc. geht.
[31] Jörg Heiligmann: Der Alblimes. Theiss, 1990. Seite 80ff.
[32] Fundberichte aus Schwaben, 1895, Seite 6; 1902, Seite 6; 1905, Seite 57; 1917/22, Seite 86.
[33] Walter Keinath: Orts- und Flurnamen in Württemberg. Fundstätten und Ödplätze. 1951, Seite 167.

Das Monument des Imperators

Wer errichtete auf dem Kleinen Heuberg das größte römische Denkmal nördlich der Donau?

Erst 65 Jahre nach der verheerenden Niederlage, die ihnen der Cheruskerfürst Arminius bei Osnabrück (Schlacht im „Teutoburger Wald") zugefügt hatte, konnten die Römer wieder einen militärischen Erfolg erringen.[1] Seit jener Katastrophe im Herbst des Jahres 9, bei dem eine komplette Heeresgruppe vernichtet wurde, waren den Römern keine nennenswerten Aktionen mehr rechts des Rheins geglückt.

Titus Flavius Vespasianus, seit dem Jahr 69 Kaiser, bescherte der Weltmacht mit der Besetzung des Gebiets am Oberen Neckar endlich wieder einen Erfolg in Germanien. Damit verbunden war der von ihm angeordnete Bau einer Fernstraße von Straßburg an die Donau.[2] Sie verband die beiden durch den Schwarzwald getrennten Provinzen „Rätien" und „Obergermanien".

Wie dieses Unternehmen durch Feindesland vonstatten ging, ist unbekannt. Auf einen Feldzug im Zusammenhang mit dem Bau der Straße gibt es einen vagen Hinweis. Und der fand sich ausgerechnet auf einem Grenzstein im Tal von Chamonix. Dort ist eingemeißelt, dass ein „Pinarius C. Clemens" im Jahre 74 Oberbefehlshaber des obergermanischen Heeres war. Dieser „Legat" bekam wegen „seiner Erfolge in Germanien" die Triumphal-Insignien.[3] Diese besondere Ehrung, die meist nur nach erfolgreichen Kriegen verliehen wurde, ist höchstwahrscheinlich auf den Feldzug zurückzuführen. Der Gegner, mit dem

Wurde auf dem „Kleinen Heuberg" das Schicksal der germanischen Stämme vom oberen Neckar besiegelt?

Die flavische Kaiser-Dynastie. Von links: Titus Flavius VESPASIANus, Kaiser von 69 bis 79. Sein Sohn TITUS Flavius Vespasianus, Kaiser von 79 bis 81. Dessen Bruder Titus Flavius DOMITIANUS, Kaiser von 81 bis 96.

es Pinarius zu tun hatte, konnte auf Grund weiterer, hier nicht näher erläuterter Quellen[4] niemand anders gewesen sein als die Sueben, die am Lauf des oberen Neckar saßen.

Der Feldzug muss im Frühjahr 74 stattgefunden haben, denn am Oberrhein waren ungewöhnlich starke Truppenverbände zusammengezogen worden (5 Legionen und weitere Hilfseinheiten)[5]. Vermutlich „säuberten" die Römer in einem Zangenangriff von Westen und Süden den ganzen Südschwarzwald bis hinauf zum oberen Neckar, der seit dieser Zeit nachweislich von den Römern besetzt war.

Als weiteres Indiz für einen größeren Militärschlag kommt hinzu, dass Kaiser Vespasian(us) im Jahre 74 dreimal die Ehrenbezeichnung „Imperator" annimmt. Davon zweimal in der Zeit von März bis Mai. Leider gibt es von dem im Jahr der „Varus-Schlacht" geborenen späteren Herrscher kaum Informationen. Doch zeichnen Zeitgenossen[6] von ihm das Bild eines humorvollen, talentierten Mannes mit energischem Charakter. Ihm wird nachgesagt, er hätte auf den Vorschlag seines Sohnes (des späteren Kaisers Titus), die Staatskasse mit einer Toilettensteuer aufzubessern, geantwortet: „pecunia non olet" (Geld stinkt nicht).

Für diesen wahrscheinlichen Feldzug, dem unmittelbar die Anlage einer Fernstraße durch den unwirtlichen Schwarzwald folgte, drängt sich ein Beispiel aus der Neuzeit auf: Im Jahre 1865 wurde die Erschließung des nordamerikanischen „Wilden Westens" durch den Bau einer interkontinentalen Eisenbahn besiegelt.

Damals wurde bekanntlich die Strecke von zwei Seiten aus und durch zwei konkurrierende Unternehmen zur Mitte hin angegangen. Die „Central Pacific" stieß von Sacramento gegen Osten vor, die „Union Pacific" von Omaha aus nach Westen. Das Vorrücken des „Eisernen Pferdes" in die Wildnis führte zu den viel beschriebenen kriegerischen Auseinandersetzungen zwischen den Indianern, die ihr Land verteidigten, und den durch die US-Kavallerie geschützten Pionieren. Anzunehmen, dass die Römer ihre Fernstraße ebenfalls von zwei Seiten (Rhein und Donau) und von zwei um die Vormachtstellung konkurrierenden Provinzen[7] aus zur Mitte hin vorantrieben. Sie führte nördlich von Schiltach auf die Hochfläche zum Hof Brandsteig (verschollener Weihealtar für „Abnoba", Göttin des Schwarzwaldes).[8] Von dort verlief die Straße nach Waldmössingen (entdecktes Kastell, teilrekonstruiert, und Siedlung).[9]

Von Waldmössingen aus führten drei Straßen weiter: Eine Südwestverbindung über Tuttlingen und Hüfingen zum Legionslager Windisch. Dann eine Route über Epfendorf wohl auf die neugegründete Stadt Rottweil zu, schließlich die Hauptheeres-Straße mit einem Bogen über Sulz und Geislingen („Häsenbühl") nach Lautlingen zum „Alblimes".

Das „weiße Gold" Germaniens

Die abrupte Abschwenkung der Route nach Sulz und die Errichtung einer Militärstation (heute Stadtteil „Kastell"!) wird in der aktuellen Literatur mit der „ausschlaggebenden verkehrsgünstigen Lage (Straßenkreuzung und Neckarübergang)" begründet.[10] Daran muss stark gezweifelt werden. Abgesehen davon, dass es flussab- wie -aufwärts wesentlich günstigere Flussübergänge gibt, haben die Römer den Schlenker sicher aus einem ganz anderen Grund gemacht: Sie entdeckten das „weiße Gold" Germaniens – die Salzquellen von Sulz.[11]

Schnurgerade südostwärts zog die Fernstraße durch das heutige Vöhringen, durchs „Beuremer Tal", dann durch das mit Mühlen gespickte Tal der „Stunzach", um östlich von Isingen auf den „Kleinen

Noch gut sichtbar ist der römische Straßendamm der Fernroute vom Hochrhein an den Neckar.

Militärlager, Siedlung, Friedhof, Rastanlage, Bäder, Tempel ... was noch an römischen Überresten unter den Feldern des „Häsenbühl" liegt, ist nicht abzuschätzen.

Heuberg" und die große Hochfläche des namengebenden „Häsenbühl"-Hofs zu gelangen. Dort kreuzte sie sich mit der etwas später hier nach Nordosten verlängerten zweiten wichtigen Fernstraße von Windisch über Hüfingen und Rottweil nach Rottenburg (Sumelocenna).

Analog zur Geschichte des nordamerikanischen Eisenbahnbaus rückt mit der dem Kastell Sulz folgenden römischen Anlage auf dem „Kleinen Heuberg" ein bedeutender Platz in unsere Betrachtung. Was den amerikanischen Landvermessern ihr „Promontory Point", der Ort des Zusammentreffens beider Eisenbahntrupps am 10. Mai 1869 in Utah war, könnte für die römischen Kollegen genau 1795 Jahre davor der „Häsenbühl" zwischen Geislingen und Binsdorf gewesen sein. Doch während die Eisenbahnpioniere ihre Meisterleistung mit dem Einschlagen des berühmten „Golden Spike" (goldener Schwellen-Nagel) krönten, scheinen die Römer eine Spur kolossaler vorgegangen zu sein.

Landwirt Wilhelm Frommer war seit 1950 wiederholt mit dem Pflug an großen Stubensandsteinen hängen geblieben, die sich auf seinem Acker über vierzig Meter verstreuten. Man hatte hier auf einem bis heute nicht annähernd einzugrenzenden Gebiet schon lange eine Straßenstation, ein Kastell und eine Siedlung nebst Grabstätte vermutet.

Im März 1953 wurde der bedeutende Römer-Forscher Oscar Paret aktiv. Der Professor quartierte sich eine Woche auf dem Bauernhof ein und leitete Grabungen in die Wege. Zunächst stieß man in dreißig Zentimeter Tiefe auf den fünf Meter breiten römischen Straßenkörper, der aus passend zusammengefügten Schieferplatten bestand.[12]

Karger, halbmetergroßer Rest eines gigantischen Monuments: I-M-P steht für Imperator.

Sechs Meter parallel zur Straße entdeckte Paret eine sechs auf dreizehn Meter große mit Steinschutt 90 Zentimeter tief gefüllte Baugrube, auf der einst ein Sockel stand. „Ein einziger Block lag noch darin, aber durch tiefe Kerben schon in vier Teile gespalten." Dazwischen Bruchstücke eines „reich gegliederten Gesimses mit Blätterfries, 60 cm starken Säulen. Die Maße der bis 1,17 m großen Fundamentquader lassen auf ein mehrstöckiges(!) Bauwerk schließen."[13]

Abseits der Baugrube ein kleiner, aber der bedeutendste Fund: Das Bruchstück einer beginnenden Inschrift mit 17 Zentimeter hohen Buchstaben. Die erste und zweite Zeile der Inschrift beginnt je mit I-M-P (Imperator ...). Von der dritten Zeile ist noch ein O erhalten. „Schreibt man die Inschrift dem Kaiser Domitian zu, (dem zweiten Sohn des Eroberers Vespasian), so erhält man bei der Ergänzung seiner Titel eine Länge der Inschrifttafel von 7 Metern."[14]

Die Weiheschrift war natürlich der Straße nach Norden hin zugewandt. Bei dem Ausmaß des Sockels ist anzunehmen, dass das Denkmal weit hinaus in das neu eroberte Land zu sehen war. Am Standort (662 m) hat man heute noch einen grandiosen Blick auf den Schwarzwald, ins weite Neckarland und auf die über tausend Meter ansteigenden Berge der Schwäbischen Alb, vom Dreifaltigkeitsberg bis hin zum Hohenzollern und auch auf die im Eyachtal aufwärts zur Passhöhe bei Ebingen führende Straße.

Professor Paret schrieb: „Eines steht fest: Dieses mächtige, ja, bislang größtes rechts vom Rhein errichtete Denkmal, an hervorragender, weithin sichtbarer Stelle ... muss aus einer Zeit stammen, in der gerade diese Straße von besonderer politischer Bedeutung war.“[15] Der Denkmalbau setzte genaue Ortskenntnis voraus. So brach man den Stubensandstein im 1,75 Kilometer entfernten „Süßenbachtal“ bei Isingen. Allerdings musste ein Höhenunterschied von über hundert Metern überwunden werden. Die aufgefundenen Tongefäße lassen ein reges Leben auf dem „Kleinen Heuberg“ mit Fuhrleuten, Steinmetzen, Bildhauern usw. vermuten.

Nach den bisherigen Forschungen markierte der seit 1957 „Kaiserstein“ genannte Denkmalstandort die Verwaltungsgrenze zwischen den zwei wichtigsten Bezirken der Region, Rottweil (municipium) und Rottenburg (saltus). Vermutlich verlief hier aber sogar die staatsähnliche Grenzlinie (eigene Zoll- und Finanzbehörden) der beiden riesigen Provinzen Obergermanien und Rätien.

Zweitausend Jahre alte Grenzlinie

Es ist doch auffallend, dass sich nicht allzu weit entfernt heute die Trennlinie der Regierungsbezirke Tübingen und Freiburg, vormals die Staatsgrenze von Südbaden zu Württemberg, befindet. Je weiter wir in der Geschichte zurückgehen, umso näher

Zweitausend Jahre alte Wegspuren der Römerstraße auf dem „Häsenbühl“ Richtung Rottweil.

Überbleibsel eines mehrstöckigen Triumphbaus, unweit der Stelle, wo er 1953 auf dem „Kleinen Heuberg" ausgegraben wurde, „Kaiserstein" genannt.

Luftbild-Rekonstruktion des „Häsenbühl" im Jahre 80 (Blick von Südosten). Zeichnungen: Heimatmuseum Balingen.

kommen wir dem „Häsenbühl" als historische Begrenzung. Wenn auch der genaue Verlauf mangels aussagekräftiger Quellen nicht mehr sicher gesagt werden kann.

Als sich das alamannische Herzogtum im rückeroberten Gebiet etablierte und es in Gaue, Baare und Huntare absteckte, trennte der Platz auf dem „Kleinen Heuberg" die Siedlungen Geislingen, Binsdorf und das verschwundene Hofstetten. Gleichfalls die Grafschaften von Sulz (später Oberamt) und Haigerloch (später Zollern, dann Hohenberg, dann Oberamt Balingen bis 1938).

Das rätselhafte Monument könnte durchaus auch einen Triumphbogen dargestellt haben. In Anerkennung der militärischen wie auch logistischen Erfolge des Kaiserhauses. Wie anfangs erwähnt, hatte Kaiser Vespasian dem im Selbstwertgefühl arg gebeutelten Römischen Reich nach 65 Jahren wieder einen großen militärischen, wahrscheinlich sogar verlustarmen Erfolg über die Germanen beschert. Umso bedeutender, weil nach dem Tode Neros (68) das Land in eine große Unruhe gestürzt war. Drei Herrscher, jedes Mal wieder von einer Legion enthoben, konnten innerhalb des Jahres 69 die Macht an sich reißen. Bis schließlich Vespasian am 1. Juli 69 zum Kaiser erkoren wurde. Er begründete die Dynastie der Flavier.[16] Nach seinem Tod am 23. Juni 79 erhob man seinen ersten, gleichnamigen Sohn Titus zum Kaiser. Fast 42-jährig verschied dieser bereits am 13. September 81.

Als Letzter der Flavischen Dynastie bestieg am folgenden Tag sein 39-jähriger Bruder Domitian den kaiserlichen Thron. Ein selbstsüchtiger, skrupelloser Mann, der sich unliebsame Senatoren mit Mord aus dem Weg und damit viele Feinde schaffte. Nach 15 Jahren im Amt wurde seine Alleinherrschaft jäh beendet: Ein Diener erdolchte den schlafenden Despoten am 18. September 96 in seiner Residenz in Rom.

Die Charakterzüge, die Domitian zugeschrieben werden, machen es wahrscheinlich, dass er für sich (und seine Familie) zu Lebzeiten schon Denkmäler setzen ließ. Auch die Benennung der Stadt Rottweil in „Arae Flaviae" (Flavische Altäre) macht erst Sinn, wenn man zugrunde legt, dass Domitian hier eine Verehrungsstätte für das Kaiserhaus hat einrichten lassen.[17] Wo aber standen die „Flavischen Altäre"? Man darf ja wohl eine der römischen Kaiserfamilie angemessene Dimension dieser Bauten erwarten.

Wo sind die Flavischen Altäre?

Zunächst ist uns der antike Name „Arae Flaviae" auf der berühmten Karte „Tabula Peutingeriana" überliefert.[18] Als zweiter Nachweis gilt eine 1950 gefundene Schreibtafel eines Notars mit der Ortsangabe „actum municipio Aris" (meint: ausgestellt in der Stadt Arae). Der Forschung genügt dies, um die „Arae Flaviae" mit der am Neckarübergang gegründeten Stadt gleichzusetzen,[19] auch wenn man eigentlich von einem amtlichen Schreiben erwarten sollte, dass der komplette Ortsname ausgeschrieben wird. Bildeten die verschollenen steinernen Altäre den wieder entdeckten Tempelbezirk am Ortsrand der Rottweiler Altstadt?

Oder kann es nicht sein, dass das römische Rottweil nur „Arae" hieß und seinen Namenszusatz dem in der Nähe erbauten Kaiseraltar auf dem „Häsenbühl" verdankt? Der mittelalterliche Kopist der antiken Karte könnte dann „Arae" und „Arae Flavia" in seiner Vorlage zusammengezogen haben, in der verständlichen Annahme, es handle sich um denselben Ort.[20] Weil das Denkmal damals schon gar nicht mehr existierte?

Bereits kurz nach der Ermordung des Kaisers Titus Flavius Domitianus verhängt sein Nachfolger Cocceius Nerva im Jahre 96 das „damnatio memoriae" – die Auslöschung seines Namens aus der Erinnerung. Das scheint zur Folge gehabt zu haben, dass „seine" Stadt Rottweil nicht weiter ausgebaut wurde, wie die archäologischen Untersuchungen beweisen, und langsam an Bedeutung verlor.

Kaum denkbar, dass das Denkmal auf dem „Häsenbühl", von welchem Kaiser des flavischen Hauses auch immer errichtet, unangetastet blieb. Zumindest die Tilgung der Weiheinschrift muss die Folge gewesen sein. Und ob die Alamannen den Triumphbogen der einstigen Besatzer vor ihren Dörfern duldeten, sei mal dahingestellt.

Wohin verschwanden die Steine?

Spätestens als im Mittelalter Kirchen und Burgen aus Stein gebaut wurden, scheint das Ende des Monuments gekommen zu sein: „Man benützte es als bequemen Steinbruch. Die allzu großen Quader wurden

Die Lösung des Rätsels um das Monument vom „Häsenbühl" könnte in den im Geislinger Schloss verbauten Steinquadern liegen.

durch Keile gesprengt und zu kleineren Bausteinen verarbeitet. Ebenso erging es den Gesimsen und Bildwerken nach Abschlagen der Profile und Reliefs. Übrig blieb eine Trümmerstätte."[21]

Es ist unwahrscheinlich, dass all diese Steinquader spurlos verschwunden sind. Sie müssen in der Umgebung verbaut worden sein. Sei es in den immer wieder neu gesetzten Fundamenten von Häusern, im Schloss oder in der Kirche in Geislingen. Vielleicht aber auch in der romanischen Pfarrkirche und Stadtmauer von Balingen. Gut möglich, dass eines Tages ein glücklicher Zufall bei einem Hausabbruch zur Wiederentdeckung eines Inschriften-Fragments führt. Und damit zu einem weiteren wichtigen Puzzlestück bei der Entschlüsselung der Bedeutung des größten römischen Denkmals rechts des Rheins.

Quellen/Anmerkungen:

1 Die Germanen lockten den Heeresführer Quinctilius Varus mit drei Legionen, rund 25.000 Mann, auf dem Rückmarsch vom Sommerlager an der Weser ins Winterlager an den Rhein in unwegsamem Gelände in einen Hinterhalt. Vgl.: Meyer: Rätsel der Geschichte, Oertel+Spörer, Reutlingen 2003. Die Schlacht bei Solicinium.

2 Siehe Kapitel über den Alblimes in diesem Buch.

3 Hertlein: Die Feldzüge des Pinarius Clemens. Die Römer in Württemberg, Band 1. Kohlhammer, 1928, Seite 28.

4 Wie unter 3, Seite 31. Die Sueben haben im Jahr 69 die Donaukastelle überfallen. Dieser Anlass und die akute Bedrohung für die Region könnten der Grund für den Feldzug von Pinarius gewesen sein. Allerdings sind die Sueben nördlich der oberen Donau archäologisch kaum nachzuweisen, der Feldzug schon gar nicht.

5 Die I. Legion Adiutrix, die VIII. Augusta, die XI. Claudia und die XIV. Gemina, dazu eine weitere, unbekannte, und außerordentliche Auxiliartruppen (außeritalienische Einheiten). Aus: Pauly/Wissowa/Kroll: Realencyklopädie der klassischen Altertumswissenschaft. Band 6, Seite 2664.

6 Tacitus: Historien. Phaidon Verlag, Essen, Seite 93 ff.

7 Siehe Kapitel über den Alblimes in diesem Buch.

8 Haug/Sixt: Die römischen Inschriften und Bildwerke Württembergs. Kohlhammer, 1914, Seite 100.

9 Das Kastell Waldmössingen. In: Führer zu archäologischen Denkmälern, 29. Kreis Rottweil. Theiss, 1990.

10 Wie unter 7: Kastell und Kastellvicus Sulz, Seite 63.

11 Walter Carlé: Die Geschichte der altwürttembergischen Saline zu Sulz am Neckar. Zeitschrift für Württembergische Landesgeschichte, 1963.

12 Hermine Kipp: Aus dem Römerstein wurde der Kaiserstein. Schwarzwälder Hausschatz, 2003, Seite 100.

13 Fundberichte aus Schwaben, 1955, Seite 76ff.

14 Zeile1: I M P CAESAR DIVI VESPASIANI F. DOMITIANUS AUG. GERM. PONT. MAX. TRIB. POT. (V)
Zeile 2: I M P VIII (oder) VIIII (oder) X (oder) XI CONSVL. XI... Vgl.: Paret. Der Landkreis Balingen in römischer Zeit. Band 1, 1960, Seite 177. Der Stein ist im Balinger Heimatmuseum Zehntscheuer (Stadtmitte) zu besichtigen (Tel.: 07433 16810).

15 Wie unter 10.

16 Die Flavische Dynastie www.romanum.de.

17 Theiss Archäologieführer: Rottweil. Stuttgart 2001, Seite 150.

18 Die Tabula Peutingeriana ist die mittelalterliche Kopie einer (ungenauen) antiken Straßenkarte aus dem 4. Jahrhundert. Sie zeigt auf einer Länge von 6,8 Metern und 34 Zentimetern Höhe das römische Weltreich.

19 www.uni-tuebingen.de/RW-MUSEUM/rw/rwkat04.htm.

20 Prof. Dr. Oscar Paret: Wo lagen die Arae Flaviae? Blätter des Schwäbischen Albvereins, 1961, Seite 100 ff.

21 Wie unter 13, Seite 81.

Das längste antike Bauwerk jenseits des Rheins

Reste einer römischen Wasserleitung im Neckartal

Es dauerte fast 1700 Jahre, ehe man hierzulande wieder in der Lage war[1], an die technischen Meisterleistungen der römischen Ingenieure anzuknüpfen, die diese mit dem Bau einer Wasserleitung zu Beginn des dritten Jahrhunderts geschaffen hatten. Die Überbleibsel dieses Aquäduktes ziehen sich noch heute am Nordhang des Neckartals zwischen Obernau und Rottenburg entlang.

Mit einer Entfernung von knapp über sieben Kilometern ist sie die längste römische Versorgungsleitung rechts des Rheins. Zum Bau der Leitung waren mehr als 16.000 Kubikmeter festes Material erforderlich. Es würde heute 2.800 Eisenbahnwaggons füllen oder damals 16.000 zweispännige Fuhrwerke.

„Noch werden Theile dieses herrlichen Werks, die an den einzelnen Stellen neuerdings zu Tage gelegt worden, vollkommen erhalten angetroffen", hieß es schon 1828, „und überall längst den Bergen, sowohl im Nebenthale, dem Rommelsthale (Römerthale?), als in den Weinbergen an dem Neckar herunter, werden Spuren und Trümmer desselben entdeckt."[2]

Fünfzehn Meter Gefälle auf sieben Kilometer

Der Rottenburger Domdekan Franz Ignaz von Jaumann berichtet:[3] „Sie ist weit über zwey Stunden in der Länge an den Bergen hin, aus einem kleinen Nebenthale, dem Rommelsthale, eine halbe Stunde über Obernau, wo etwa fünf bis sechs Quellen mögen gefasst gewesen seyn, im Neckarthale bis Rottenburg, und durch die Stadt bis an den Hügel gegen Sülchen geführt." Achtzig Jahre dauert es dann noch, ehe 1911 eine genauere archäologische Untersuchung erfolgte.

Die 1893 entdeckte Quellfassung lag 1,2 Kilometer nordwestlich von Obernau in einer Höhe von 385 m, das Sammel-Auffangbecken in Sumelocenna, dem römischen Rottenburg, auf 370 m. Den Baumeistern gelang es über dieses Gefälle von nur fünfzehn Metern (0,33 Prozent) das Frischwasser relativ gemächlich in die Stadt hinab fließen zu lassen. Immerhin betrug der Wasserdurchfluss 74 Liter in der Sekunde.[4]

Gebaut hatte man den etwa dreißig Zentimeter breiten Kanal (mit wasserdichtem Ziegelbeton ausgekleidet) auf einem festen Fundament. Das war 1,7 Meter breit und sechzig Zentimeter hoch. Die Wände des

Im „Rommelstal" hinter Obernau aufgedeckte Stelle der teils verschütteten Leitung.

U-förmigen Kanals bestanden aus Muschelkalkstein, zu jeder Seite rund 50 Zentimeter hoch. Die vermutlich ursprünglich auf ihrer ganzen Länge von 7100 Metern offene Leitung wurde an manchen Stellen nachträglich überbaut. Also dort, wo im Hang Erdrutsche zu Unterbrechungen geführt hatten, wurde sie quasi im Tunnelsystem am Berg entlang betrieben. Auf Grund der Hangerosionen liegt das Gefälle der Leitung heute nur bei 0,22 Prozent.[5]

Die Inspektoren, die 1911 die Wasserleitung an 21 Stellen wieder freilegten, waren baff: „Nichts kennzeichnet besser die überaus dauerhafte und wohldurchdachte Anlage als der Unterbau. Die untere lose Steinbrocken-Unterlage nimmt dadurch, dass sie beiderseits bis zum Rand des Grabens führt, das Tagwasser auf, das nur dort eindringen kann, und führt es dem Erdreich zu." Diese Sickerungsanlage wurde auch gegen das Einsickern von Grundwasser abgesichert.

Begeistert waren wohl auch „unberufene Liebhaber" der Wasserleitung, die sich, wo sie nur konnten, Teile der inneren, einem Mosaik-Belag ähnelnden Kanalwand als „Souvenir" herausbrachen. Wie die Anlage „von den lieben Wanderern gewaltsam in Stücke gehauen" wurde beschreibt ein Bericht von 1898: „Mancher, der den neuen Albvereinswanderweg ging, schob ein Stückchen … in die Tasche; ja mit der Zeit war von dem bloß gelegten Querschnitt fast nichts mehr zu se-

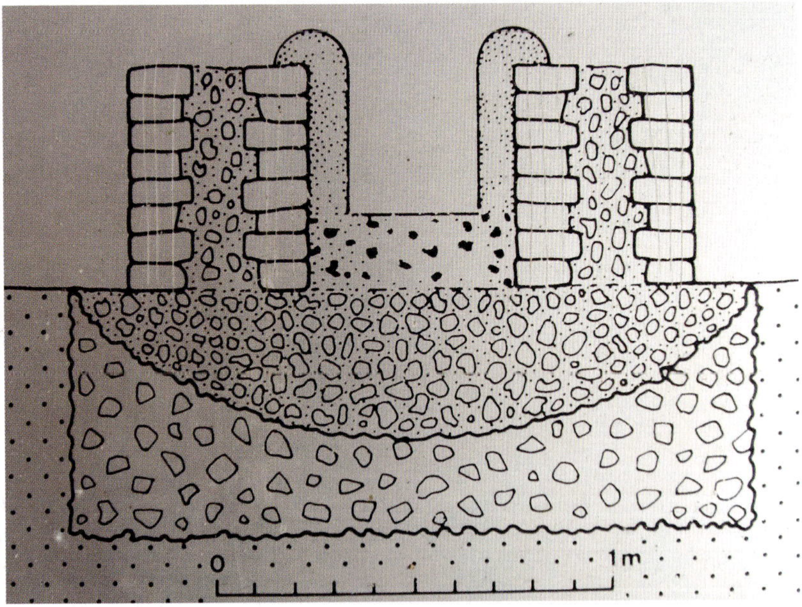

Querschnitt der am Hang entlang offen verlaufenden Wasserleitung, die aus Kalksteinen, Ziegelbeton und Kalkmörtel erbaut worden war.

hen.“ Auch dort, wo Bäume über dem Kanal wuchsen, war kein Schutz garantiert: „Lange brauchten die starken Wurzeln diesen Frevel nicht mehr mit anzusehen. Sie erlagen bald der Art des Holzhauers, und über ihrem Standort führt jetzt ein breiter Holzabfuhrweg“.[6]

Im Verhältnis zum ursprünglichen Aquädukt ist heute nicht mehr viel erhalten. Die Fassadensteine der Kanalmauern boten im Mittelalter ein billiges und vorzügliches Baumaterial. Man findet es massenweise in den ehemaligen Weinberg-Mauern verwendet. Kein Wunder, dass der Aufbau überall dort verschwunden ist, wo er überirdisch verlief. Dennoch gibt es genug Stellen, vor allem in den von Erde zugeschütteten Waldabschnitten, wo die Anlage die Jahrhunderte überdauert hat.

Obwohl die Spuren der Leitung, je näher man Rottenburg kommt, kärglicher werden, lässt sich die weitere Funktion der Anlage in etwa rekonstruieren: Von einem Sammelbehälter aus, der unweit des jetzigen Gefängnisses lag, konnte das Trinkwasser über verzweigte Tonröhrensysteme in die verschiedenen Gebäude der Stadt geleitet werden. Die direkte Anbindung der (begüterten) Haushalte an Frischwasser verlief überirdisch. Mitunter waren sogar Pumpen notwendig, um einen ausreichenden Wasserdruck beim Öffnen und Schließen der antiken Mischwasserhähne gewährleisten zu können.

Modernstes Klo der Antike

Freilich verfügte Sumelocenna auch über eine städtische Kanalisation, sie war gemauert und verlief direkt unterhalb des römischen Straßensystems dem Neckar zu. Die ebenfalls erste auf rechtsrheinischem Gebiet entdeckte öffentliche Latrine[7] wurde wahrscheinlich mit der Wasserleitung aus Obernau versorgt.

In Betrieb genommen wurde das System wohl erst zu Beginn des dritten Jahrhunderts und war demnach nur eine Generation in Betrieb. Diese Annahme beruht einzig auf den geringen Kalkablagerungen (2–3 mm) im Kanal. Denn das Ende der römischen Besatzung lag in den 260er-Jahren. Der Einfall der Alamannen, selbst wenn er friedlich vonstatten gegangen ist, brachte eine Zeit

Teilstück des römischen Aquäduktes (im Garten des Rottenburger Römermuseums).

der Umwälzung. Kaum denkbar, dass in diesen Zeiten der Unterhalt einer Wasserleitung gewährleistet werden konnte, die zur römischen Zeit einen ganzen Trupp Kanalwärter forderte. So verfiel die Anlage wegen des Unvermögens unserer Vorfahren, die in den folgenden Jahrhunderten ihr Wasser aus Brunnen, Regenzisternen und Gewässer schöpften. Und noch 1921 musste rund um den Schönbuch der Wassernotstand ausgerufen werden, weil es in einigen Gemeinden zu Cholera- und Typhusfällen gekommen war.[8]

Quellen/Anmerkungen:

1 Mit dem Bau der ersten Wasserversorgungsleitungen wurde in den letzten vier Jahrzehnten des 19. Jahrhunderts begonnen. So 1872 auf der Reutlinger Alb, in Rottenburg 1892, in Pfullingen 1907 und in Mössingen 1921.

2 Beschreibung des Oberamts Rottenburg, 1828, Seite 25.

3 Memminger: Württembergische Jahrbücher, 1823, Seite 25ff.

4 Karin Heiligmann: Sumelocenna – Römisches Stadtmuseum. Theiss, Stuttgart 2003, Seite 44ff.

5 Jörg Heiligmann: Die römische Wasserleitung. In: Tübingen und das obere Gäu. Theiss, 1983, Seite 190.

6 Gustav Mönch: Die römische Wasserleitung. Blätter des Schwäbischen Albvereins 1913, Seite 401ff.

7 Rekonstruiert zu besichtigen im Sumelocenna-Museum (Parkhaus Stadtgraben). Tel. 07472 165371.

8 Das 20. Jahrhundert im Spiegel der Zeit. Der Kreis Böblingen im Rückblick. Röhm Verlag, Sindelfingen 1999.

Wer gründete Altensickingen?

Vor rund 400 Jahren verfiel am Rammert ein einst bedeutender Ort

Vor etwa vierhundert Jahren begann am Rande des Rammerts der Niedergang einer Ortschaft, deren ursprüngliche Geschichte bis heute völlig im Dunkeln liegt. Altensickingen hieß der Ort, an den jetzt nur noch wenige von einst über 70 Flurnamen erinnern und in dessen einstiger Markungsmitte nun ein landwirtschaftliches Anwesen liegt – der „Burgstallhof". Der Name des Aussiedlerhofes hält die Erinnerung an eine mittelalterliche Wasserburg[1] wach, deren Fundamente vor einiger Zeit noch zu sehen waren. Der Burghügel mit Gräben, der rund 22 Meter im Geviert maß, lag in einer Bachsenke, unweit der Markungsgrenzen von Bodelshausen, Ofterdingen und Mössingen.

Die Existenz einer Burg unterstreicht die Bedeutung dieser großen Ortschaft, die zudem lange Zeit eigenständig war (Schultheiß, Gericht). Der älteste bekannte Grundherr und vermutliche Burgenbauer ist 1369 der Hechinger „Pfaff Albrecht der Hellgraf"[2], er besaß dort mehrere Höfe und Grundstücke. Ihm folgten die Herren von Ow gegen 1412 und später der Dußlinger Ritter Herter von Herteneck (Eckhof) nach. 1449 gelangte Graf Ludwig von Württemberg-Urach in den Besitz[3] von Altensickingen und unterstellte den Weiler der Gerichtsbarkeit von Mössingen.[4]

Obwohl Altensickingen im württembergischen Ämteratlas von 1575 mit einem Kirchturm abgebildet ist[5], fehlt für solch ein Gebäude in den Urkunden jedweder Hinweis. Archäologische Untersuchungen sind allerdings keine gemacht, ein Friedhof nie entdeckt worden. Gegen ein zumindest die Jahrhunderte überdauerndes Gotteshaus spricht die Tatsache, dass in den ältesten Ofterdinger und

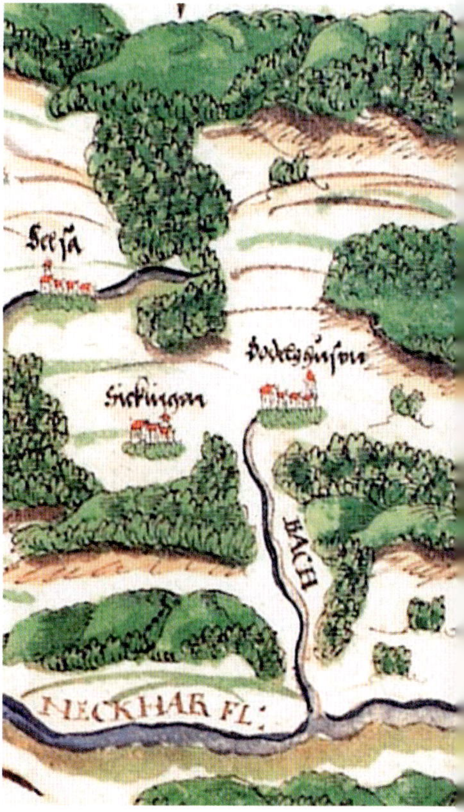

Sickingen im württembergischen Ämteratlas von 1575. Südlich davon das Dorf Belsen, westlich Bodelshausen. Foto: Hauptstaatsarchiv Stuttgart N 1 Nr. 70.

Ging vor vierhundert Jahren unter – das Dorf Altensickingen, in
nen einstigen Herrschaftssitz erinnert (vorne die B 27 mit dem C

Bodelshäuser Kirchenunterlagen der 1560er-Jahre Taufen für Altensickinger Babys verbrieft sind.[6]

Allerdings liegen uns aus der Geschichte des Ortes kaum aussagefähige schriftliche Dokumente vor. Das Erste stammt aus dem Jahr 1317 und nennt einen „Hainrich von Altendick, der zu Stein sitzt". Die „umgent wies zu Altendickingen" wird 1367 verkauft. Zwei Jahre später wechselt ein Hof „ze Altentiggingen" an das Kloster Stetten/Hechingen.[7] Um 1369 heißt es „Sickhingen".[8]

Wo entstand Neu-Sickingen?

Ungeklärt ist die Entstehungszeit des Ortes. War es eine der ältesten Siedlungen aus der Alamannen-Zeit, worauf die Endung „-ingen" hinweist? Dann würde der Zusatz „Alten-" irgendwann zur Unterscheidung eines zweiten, jüngeren Ortes namens Dickingen[9], respektive Sickingen gedient haben. Nun gibt es wenige Kilometer westlich einen gleich lautenden Ort, heute Stadtteil von Hechingen. Es wäre doch durchaus möglich, dass von den sich vermehrenden Siedlern der Sippe ein weiteres (Neu-)Sickingen gegründet worden ist, ähnlich dem Beispiel der vielen Dettingen-Orte. Das zollerische Sickingen taucht 1193 als Sikingen (1361 Siggingen, 1390 Sickingen) auf; es wird aber einige hundert Jahre älter sein.

rkungszentrum heute noch der „Burgstallhof" (Bildmitte) an ei-
von Bad Sebastiansweiler).

Wo lag das Ur-Sickingen?

Denn der zu Grunde gelegte Sippen- oder Personenname ist aus dem achten Jahrhundert überliefert. Er lautet Siggo oder Sicco und ist wohl eine Abkürzung von Sigicho, also eines mit „Sieg" zusammengesetzten Krieger(?)-Namens. Eine ganz andere Frage wäre, wo das Ur-Sickingen lag. Schon 823 ist ein „Sickenheim" bei Schwetzingen, 841 ein „Sicginholz" nahe Vilsingen, 860 „Sigeshartes-wilare" (Tettnang), 874 „Sikkingen" (Überlingen) überliefert. Nicht zu vergessen das 1090 in der Zwiefalter Chronik vermerkte „Sigginhusin" (Sickenhausen/Reutlingen).[10]

Nun beruft sich die Literatur auf den Flurnamenforscher Lutz Reichardt[11], der Altensickingen nicht für eine alamannische Siedlung hält. Begründung: „Die relativ ungünstige, beengte Lage am Südrand des Rauen Rammerts" spräche dagegen. Reichardt vermutet vielmehr einen „unechten -ingen-Ort", also eine Siedlung „Altendicke" in der Bedeutung „Dickicht des Waldes".

Offenbar scheint dem Flurnamen-Experten völlig entgangen zu sein, dass ausgerechnet dort die besten Ackerböden der heutigen Markung Bodelshausen liegen![12] Gerade die östlich abfallende Hanglage, verbunden mit einem durch stetigen Westwind zugetragenen und aufgelockerten Boden, hatte nämlich nicht nur die alamannischen Dorf-

Die Altensickinger wählten für ihren Siedlungsplatz den besten Boden der ganzen Gegend.

gründer bewogen, dort zu siedeln. Für das in einer späteren Ausbauphase gegründete Bodels-„Hausen" blieb somit nur ein Platz der „zweiten Wahl".

Denn das „alte" Sickingen ist vermutlich auf oder neben den Ruinen einer römischen Siedlung oder nicht unbedeutenden Straßenstation errichtet worden. Darauf deutet (mangels Grabungen) einerseits der Flurname „Uff dem Stein zu Alten Sickhingen"[13] hin, in dessen schnurgerader östlicher Verlängerung auch das „Steinmäuerle"[14] und in der westlichen Erweiterung ein „Steinäcker" und die Flur „Kalkofen"(!)[15] zu finden ist. Da die Bezeichnungen schon lange vor dem Verfall des Ortes verbürgt sind, ist der Name „Stein" ein Indiz für römische Mauerreste. Man denke nur an den großen Gutshof in Stein bei Hechingen und an die römischen Siedlungen Steinhofen und Steinsbreite bei Belsen[16], auch Steingebronn/Gomadingen. Ihnen ist außerdem gemeinsam die nach Süden ausgerichtete gute Lage.[17]

Anderseits haben unsere Vorfahren mit dem Begriff „alt" im Sinne von „ehemalig" meistens Bauten betitelt, deren Vergangenheit sie auf die Römerzeit zurückzuführen glaubten.[18] Als Beispiele sei der Reutlinger Teilort Altenburg oder die versunkene „Altstadt" bei Rottenburg[19] und die „Altstadt" bei Rottweil aufgeführt.

Auch fast 5000 Jahre vor den Römern, in der Jungsteinzeit, siedelten beim heutigen „Burgstallhof" bereits Menschen[20]. Noch heute ent-

Blick von Altensickingen über Bodelshausen auf das zollerische Sickingen (mit Wasserturm).

decken geschulte Augen in den Äckern kleine verzierte Keramikscherben der nach einem Fundort bei Heilbronn benannten „Großgartacher Kultur".

Vergessene Fernstraße

Heute liegt die Örtlichkeit des „alten" Sickingen im Hinterland. Dass der Ort im Mittelalter direkt an der Schweizer (Hauptverkehrs-)Straße lag, ist kaum bekannt. Von Ofterdingen führte im Verlauf des jetzigen „Promilleweges" die „uralt Landstrass", die „seit Mannsgedenken" benutzt wurde (Flurnamen „Heerweg" und „Herdtweg") nach Bodelshausen[21]. Dort deckte die alte Ortsburg (heute „Burgplatz" beim Rathaus) die Passage über den Krebsbach via Oberhausen (ebenfalls eine Burgstelle) zum Verkehrsknotenpunkt Niederhechingen. Erst 1756 wurde die Trasse der heutigen B 27 gebaut, die mit einer parallel laufenden Variante durch das Butzental verlief. Beides sehr zum Leidwesen der örtlichen Wirte und Händler.[22]

Bereits im 16. Jahrhundert zeichnete sich das dramatische Ende des Weilers Altensickingen ab.[23] Die Einheimischen, die wohl zu Recht als „liederliche Haushälter" bezeichnet wurden, verkauften nach und nach ihre Lebensgrundlage an die Nachbarorte. Auch Immobilienspekulanten gab es damals schon. Sie erwarben die Häuser, ließen sie abbrechen

Warum heißt die Flur östlich des einstigen Ortes „Auf dem Stein"?

und andernorts als „Fertighäuser" wieder aufbauen. In der letzten Verkaufsurkunde[24] vom 2. März 1610 heißt es auszugsweise: „Wir ... alle zu Altensickingen wohn- und sesshaft thun kundt ..., dass wir für uns, all unseren Erben verkauft haben ... unser aller bis dahero miteinander zu ermeltem Sickhingen, in- und ußerhalb Weylers gehabte Zwäng, Bänn, Trib, Tratt, Wuhn und Waid, sampt allen...Grund und Boden ... alles zinsfrei, ledig und aigen ... nit versetz noch verpfändet."

Die Kinder der Verkäufer hatten noch verzweifelt versucht, den Vertrag rückgängig zu machen und eine Petition beim Herzog eingereicht. Ein mehrjähriger Rechtsstreit war die Folge, dessen Richtspruch nicht mehr überliefert ist. Die Unterlagen sind in den Wirren des Dreißigjährigen Krieges verloren gegangen.

Quellen/Anmerkungen:

1 Bodelshausen. Herrschafts- und Besitzverhältnisse in früherer Zeit. Der Landkreis Tübingen. Band 2. Kohlhammer, Stuttgart 1972, Seite 56.
2 Gerd Wunder: Regesten der Geschichte der Schenken von Stauffenburg. Müller & Gräff, Stuttgart 1972.
3 Beschreibung des Oberamts Rottenburg, Band 2, 1899, Seite 130.
4 Württemberg war zwischen 1442 und 1482 das erste und einzige Mal unter zwei Brüdern geteilt. Da Bodelshausen nicht zur Uracher Landeshälfte wie Mössingen, sondern zur Stuttgarter gehörte, wurde Altensickingen zeitweise dem Steinlachtal zugeordnet.
5 Beschreibung des Oberamts Rottenburg. Band 1, 1899, Seite 551.
6 Die Geschichte von Bodelshausen. Band 1. TC, Tübingen 2000, Seite 222.
7 Staatsarchiv Sigmaringen. Fürstlich Hohenzollerisches Domänenarchiv Hechingen 78. Depot 39, 304a.
8 Franz Haug/Johann Adam Krauss: Urkunden des Dominikanerinnenklosters Stetten im Gnadental bei Hechingen 1261–1802. In: Hohenzollerische Jahreshefte 1955, Nr. 279.
9 „AltenDickingen/Sickingen" scheint auf einen Ablesefehler zu deuten (hört sich in Bodelshäuser Mundart auch gleich an). Denn z.B. ein um 1369 erwähnter Hof „ze alten Dickingen" stammt als Niederschrift nicht aus diesem Jahr, sondern ist ein Eintrag in einem Buch aus dem Jahr 1534 (Stettemer Copialbuch). Aus: Mittheilungen des Vereins für Geschichte und Alterthumskunde in Hohenzollern, Heft XVI. 1881, Seite 104.
10 Oskar von Ehrenberg: Die Ortsnamen auf -ingen in Schwaben und insbesondere Hohenzollern. Mittheilungen des Vereins für Geschichte und Alterthumskunde in Hohenzollern, Heft XXXI. 1897/98, Seite 61ff.
11 Lutz Reichardt: Ortsnamenbuch des Kreises Tübingen. Kohlhammer, Stuttgart 1984.
12 Freundliche Mitteilung von Großlandwirt Jörg Zimmermann, Lindenhof.
13 Das Beispiel stammt aus einem Lagerbuch des Jahres 1567. Eine Urkunde von 1410 nennt eine Wiese „uf dem stain". Aus: Wolfgang Wille: Siedlungen, Markung und Flurnamen. 850 Jahre Ofterdingen, 2000.
14 Urkunde von 1386 „stainmuran", Lagerbuch von 1533 „uff Stainmuren an Banweg". Wie oben.
15 Paulus: Die Altertümer des Königreichs Württemberg, 1877, Seite 73.
16 Jürgen Meyer: Archäologische Geheimnisse. Oertel+Spörer, Reutlingen 2002.
17 Walter Keinath: Bauten und Anlagen der Römer. Orts- und Flurnamen in Württemberg, 1951, Seite 167.
18 Karl Bohnenberger: Die Ortsnamen Württembergs. Schwäbischer Albvereinsverlag, Tübingen 1926, Seite 19.
19 Jürgen Meyer: Rätsel der Geschichte. Oertel+Spörer, Reutlingen 2003.
20 Römisch-Germanische Fundkommission 1939, Band 28, Seite 144.
21 Karl Weller: Die Reichsstraßen des Mittelalters im heutigen Württemberg. Württembergische Vierteljahreshefte, 1927, Seite 1ff.
22 Wolfgang Sannwald: Oferdingen und die Schweizer Straße. 850 Jahre Ofterdingen. TC, Tübingen 2000.
23 Mit dem Niedergang von Altensickingen hat sich Petra Garski-Hoffmann sehr ausführlich beschäftigt. Ihre Hauptquellen schöpft sie aus dem Hauptstaatsarchiv (A 206 Büschel 4795), wo die Rechtsverhältnisse zwischen Bodelshausen und Altensickingen zwischen 1610 und 1629 umfangreich belegt sind. Vgl.: Die Geschichte von Bodelshausen. Band 1. TC, Tübingen 2000, Seite 214 bis 245.
24 Hauptstaatsarchiv Stuttgart A 409 Nr. 104.

Das Geheimnis des Butzentals

Eine verschwundene mittelalterliche Siedlung zwischen Bodelshausen und Bästenhardt

Das geheimnisvolle Butzental zwischen Mössingen und Hechingen.

Butzenbad, Butzensee, Butzental: In einem mehrere Quadratkilometer großen Gebiet zwischen dem Steinlachtal und Hechingen südlich der Bundesstraße 27 stößt man dutzendfach auf den merkwürdigen Namen „Butzen“. Das Mössinger Flurnamenbuch[1] irrt, wenn es den Ursprung vom althochdeutschen „puzze“ für Pfütze ableiten und den Butzensee (erstmals 1591 genannt) als Namensgeber sehen will.

Denn das Gewässer bei Bodelshausen war wegen seiner Ansammlung von Blutegeln bereits 1446 als „Egelsee“[2] geläufig, wohingegen die Bezeichnung „Butzen“ nachweislich viel älter ist. Auch die Ableitung von „putzen“ zu „roden“ ist falsch. Sie wird angeführt, weil der Bästenhardtwald (1522 „Bostener Hardt“, also mit Gebüsch durchsetztes Weideland) zur Viehhaltung immer wieder gerodet werden musste. In Anbetracht der sechs Kilometer breiten Flurnamen-Streuung mit Wald, Wiesen, Äcker und Gewässer überzeugt das nicht.

Aus demselben Grund abwegig ist eine dritte Variante: Die uns heute noch als Ausdruck für den wertlosen kernigen Rest eines Apfels als „Butz" geläufige Bezeichnung wurde einst auch für Baumstümpfe und Wurzelstöcke verwendet.

Die massive Häufung der vielen Gewand- und Unterbezeichnungen wie Butzerbronnen, Butzerwäldle, Butzerwies lässt eher den Schluss zu, dass mit den Namen das Einzugsgebiet einer früheren Siedlung abgesteckt wurde. Diese These fußt auf folgenden fünf Urkunden. Zunächst vom Juli 1345, wo zwei Hofstätten „by den Butzan dem Wyler" genannt werden. Sie werden von „Berchtold der Pfullinger zu Ofterdingen gesessen" an das Kloster von Stetten verkauft. Selbiges erhält 1349 „aus dem Brügel (Brühl)[3] zu dem Butzen" diverse Abgaben[4]. Außerdem gehen im Jahr 1435 „Gülten" (Grundzins) aus zwei Höfen in dem Butzen an die Pfarrkirche in Hechingen. Ferner gibt „der Butzer 11 Schilling uß sinen Wissen liegend zue den Butzen". Schließlich ist eine Abgabe vermerkt, die „einer von Bodelshusen uß dem Bongarten im Butzen an den Mayerhof des Grafen Eitelfritz von Zollern" abliefert.[5]

Rund um die alte Trinkhalle fanden sich spätmittelalterliche Scherben.

Dort, wo heute die jüngst wieder freigelegte Schwefelquelle der Kurklinik Sebastiansweiler liegt, stand ein im Dreißigjährigen Krieg zerstörtes oder nach der großen Pestwelle[6] von 1566/67 verlassenes Vorgänger-Bad des heutigen Heilbades[7]. Im Jahr 1435 ist, wie oben erwähnt, ein „Butzer" genannt, dessen Familie wohl noch 1565 ein „Butzerbad" mit einer Stätte für Weinschank betrieb. 1522 sind zwei Häuser mit „Scheuer, Garten, Hofgesäß und Hofraite"[8] aufgeführt. Ob es sich dabei aber um den Weiler Butzen gehandelt hat, ist insofern fraglich, als man sich die Siedlung aus mehreren zerstreut liegenden Höfen vorstellen muss, denn die Bezeichnung „-weiler" stammt als Lehnwort aus dem Spätlateinischen „villare" und meint eine ins 7. bis 9. Jahrhundert zurückreichende, lockere Ansiedlung von mehreren Gehöften. Dazu gehört auch der Ort Killer (alt „Kilchwilar"). Nicht zu verwechseln mit den älteren „Weil"-Orten (wie Wannweil oder Rottweil), die sich aus einer römischen „villa rusticae" – für einen ländlichen Gutshof mit Nebengebäuden – fortentwickelt haben.[9]

Dass die heilkräftige Nutzung der Schwefelquellen zum Namen „Butzen" geführt haben könnte, wird allgemein als vierte Variante angedacht. Demnach stünde das Wort aus dem mittelhochdeutschen „butze" für „putzen" oder „Bottich".[10]

„Bei der dürren Eiche" heißt eine dicht verwachsene Stelle, die sich wie eine Klippe ins Butzental hineinschiebt. Wächst der Baum auf steinernen Fundamenten oder auf einem alten Grabhügel?

Vermutlich ist aber das „Geheimnis des Butzentals" anderswo zu suchen: Der Volkskundler Dr. Walter Keinath hatte festgestellt[11], dass „auch die Geister, als Gespenster von Verstorbenen" vom einfachen Volk auf bestimmte Flurstellen übertragen werden konnten. Dazu gehöre als „Schreckgespenst der Butzenmann". Nun ist das Tal zwischen Bästenhardtwald und der Bundesstraße 27 von den Überresten eines bis zu dreieinhalb Jahrtausende alten Grabhügel-Feldes durchzogen. Könnten unsere Vorfahren ihr Unbehagen angesichts dieses riesigen Friedhofs nicht mit dem Plural „Butzen" zum Ausdruck gebracht haben?

Grabhügel, die direkt „Butzen" genannt werden, gibt es in Irndorf/Beuron, als die „Fünf Buzzen" in Hürben/Heidenheim oder als „Butze" in Hochberg/Zwiefalten.

Verbürgt ist, dass es im Butzental den Leuten nie ganz geheuer war. Die Oberamtsbeschreibung[12] von 1899 schreibt: „Vom Butzerbad, dass vor Zeiten im Thälchen zwischen Belsen und Sebastiansweiler stand,

seien einst die Weiber winters nach Belsen herauf z´Liecht (in die Lichtstuben) gegangen. Die eine habe Licht und Kunkel getragen, die andere habe mit einem Bund Schlüssel Lärm gemacht, um die Wölfe (Geister) zu zerstreuen." Nicht von ungefähr kommt es, dass man sich im benachbarten Hechingen und Hirrlingen (die Urmarkung ging bis ans Butzental) seit Jahrhunderten mit den ältesten Masken der schwäbisch-alemannischen Fasnet vermummt – als Butzen.

Uralte Fasnetsfigur: der Hirrlinger Butz.

Quellen/Anmerkungen:

1 Eugen Anstätt: Flur-, Orts- und Straßennamen der Gemarkung Mössingen. Fritz Druck Verlag, 1989, Seite 27.

2 „Egelsöw". Hauptstaatsarchiv Stuttgart A 227 Büschel 2941, 1749 Nov 3. Dr. Wolfgang Sannwald: Streit um den Butzensee. In: Die Geschichte von Bodelshausen. Band 1. TC, Tübingen 2000, Seite 177ff.

3 Brügel meint Brühl; ein Wiesenstück größerer Ausdehnung, meist einem Maierhof zugehörig (großer Lehenshof).

4 Hedwig Mauer: Liste der abgegangenen Siedlungen im Gebiet der ehemaligen Grafschaft Zollern und dem alten Kreis Hechingen. Unveröffentlichte Arbeit. Gekürzter Abdruck in: Hohenzollerische Heimat, 2000, Heft 3.

5 Das Bickelspergische Lagerbuch der Grafschaft Zollern von 1435. Seiten 22 und 103.

6 In Mössingen starben laut Pfarrchronik 430 Personen. Haar: Mössinger Heimatbuch. Fritz Druck, 1973, Seite 250.

7 Sebastiansweiler wurde erst 1790 von Sebastian Streib, dem Sohn des Belsener Schultheißen, durch den Bau der Gaststätte „Sonne" gegründet. Die heilenden Schwefelquellen nutzte man ab dem Jahr 1829. Zum staatlich anerkannten Heilbad wurde der Ort erst 1933 erhoben. Bei Renovierungsarbeiten des Mössinger Denkmalschutzvereins im April 2004 stieß man auf frühneuzeitliche Scherben.

8 Stadtarchiv Mössingen. Wie unter 1. Seite 28.

9 Dr. Fritz Langenbeck. Hohenzollerische Heimat, 1966. Heft 1, Seite 16.

10 Fischer/Taigel: Schwäbisches Handwörterbuch. Mohr Siebeck, Tübingen 1999.

11 Dr. phil. Walter Keinath: Württembergisches Flurnamenbüchlein. Tübingen 1928.

12 Sagen mit geschichtlichem Hintergrund. Beschreibung des Oberamts Rottenburg. Band 2, 1899, Seite 193ff.

Römer oder Ritter?

Eine seltsame „Burghalde“ nahe Melchingen

Unsere Heimatgeschichte steckt voller ungelöster Rätsel. Sind auf der burgenreichen Schwäbischen Alb tatsächlich bereits alle einstigen Herrensitze und Wehranlagen entdeckt worden? Zumindest zwischen den Dörfern Melchingen, Salmendingen und Ringingen gibt es noch ein Geheimnis zu lüften.

Südlich des höchsten Berges der Gegend, dem 901 Meter hohen „Köbele“, an den sich der „Aufberg“ (867 m) anschließt, liegt ein bewaldeter Hang, der den Namen „Burghalde“ trägt. Die Wald-Bezeichnung lässt die Vermutung zu, dass dort einmal eine Burg gestanden haben könnte. Unsere Vorfahren hatten den Flurnamen nicht willkürlich gewählt. Ob sie damit jedoch die Ruinen einer klassischen mittelalterlichen Ritterburg, einen römischen Wachturm oder eine durch einen Erdwall umgebene frühgeschichtliche Höhensiedlung meinten, bleibt ein Rätsel. Einige hundert Meter östlich, auf dem „Käpfle“ (851 m), sind noch die Spuren einer möglichen „Fluchtburg“ zu sehen.[1] Die Anlage hat aber mit der „Burghalde“ nichts zu tun.

Unwahrscheinlich, dass eine natürlich bedingte Erdverwerfung zu dem Gewann-Namen geführt hat. Vor hundert Jahren hatten Heimatforscher die „Burghalde“ ergebnislos nach Spuren einer menschlichen Besiedlung oder Bebauung durchsucht. Allerdings hatten sie nur nach oberflächlichen Merkmalen Ausschau gehalten. Danach geriet der Berghang in Vergessenheit.

Professor Nägele schrieb 1907 in den Albvereinsblättern[2]: „Der Berg ist mit jungem Gehölz dicht bewachsen und fast ohne Wege. Gräben fanden wir in Masse, aber sie sind ohne System: es sind tiefe, mitunter mäanderförmige Durchgrabungen, die vom Graben nach Bohnerz herrühren. Zweifellos haben die Bohnerzlager, die in der Mitte des 19. Jahrhunderts ausgebeutet wurden, schon in prähistorischer Zeit Beachtung gefunden. Einen Ringwall sucht man vergebens. Sollte er bei diesen Grabereien zerstört worden sein? Auch die Melchinger, denen der Wald gehört, können nichts Näheres sagen.“

Da die „Burghalde“ vom „Alblimes“, der von Burladingen über Erpfingen und Engstingen nach Gomadingen verlief (85 bis 110 n. Chr.), durchschnitten wird, wäre an dieser Stelle auch ein römischer Wach- oder Signalturm denkbar.[3] Auf der Willmandinger „Bettburg“, ebenfalls an einer Römerstraße gelegen (einem „Heerweg“, vermutlich von Rottenburg über Öschingen/Talheim auf die Alb), unterstreichen Ziegelrestfunde eine solche These.[4]

Vielleicht sind etwaige Mauersteine schon bald nach dem Verfall von der umliegenden Bevölkerung als Baumaterial benutzt worden.

Bald hat die Natur die letzten Spuren der „Burghalde“ getilgt.

„Unsere Vorfahren haben den Wald sauber gehalten, da blieb nichts liegen, was man zu Hause brauchen konnte“, gibt der Naturschutzwart Fritz Krauss zu bedenken.

Hinweise, die einen ritterlichen Herrensitz auf der „Burghalde“ andeuten, sind bislang keine gefunden worden. Allerdings klafft in der Geschichte der meisten Albdörfer eine Urkundenlücke von einigen hundert Jahren. So wird Salmendingen erstmals in der Mitte des 13. Jahrhunderts genannt. Die Zeit davor liegt im Dunkeln.

Merkwürdigerweise hatten die Einwohner von Ringingen im Fleckenbüchlein von 1530 die Auflage: „Burckhalden ... mit Trieb und Tratt (als Weide) zu nutzen“. Da die „Burghalde“ aber auf Melchinger Markung liegt, konnte eine solche Verfügung nur jemand erlassen, der in beiden Dörfern etwas zu sagen hatte. Dafür käme eigentlich nur der Ringinger Ortsherr Friedrich von Ow in Frage. Der saß um 1482 nicht nur auf der Burg „Hohenringingen“ (an der Straße nach Burladingen), sondern war auch Schlossherr von „Hohenmelchingen“, nebst anderer Besitzungen.[5] Vielleicht hat auf der „Burghalde“ eine der Melchinger Burg vorgelagerte Schwester-Anlage gestanden (ähnlich den Lichtensteinern)[6], die eventuell nicht fertig gebaut wurde.

Quellen/Anmerkungen:

1 Jürgen Meyer: Unbekannte Volksburg über dem Lauchert-Tal. In: Rätsel der Geschichte, Oertel+Spörer, Reutlingen 2003.
2 Nägele: Burghalde bei Melchingen. Blätter des Schwäbischen Albvereins, 1907. Nr. 11, Seite 300ff.
3 Blätter des Schwäbischen Albvereins, 1925, Seite 218ff.
4 Siehe gesondertes Kapitel in diesem Buch.
5 Johann Adam Krauss: Melchingen: Das Rätsel der Burghalde. Hohenzollerische Heimat 1966. Seite 23.
6 Siehe Kapitel über die Lichtensteiner Burgen in diesem Band.

Klösterliche Festungsanlage über dem Neckartal

Hat es die sagenhafte „Pliezburg“ wirklich gegeben?

Gespenstische Ruinenfragmente der verfallenen „Pliezburg“.

„Am linken, jenseitigen Ufer des Neckars, Mittelstadt schräg gegenüber, wo früher einmal ein altes Schloss gestanden ...“, heißt es beim schwäbischen Sagensammler[1] Ernst Maier 1852. Als „Pliezburg“ hat dieses „zerstörte Schloss“ mit den dort umhergeisternden „weißen Frauen“ im Volksmund überdauert. Nicht aber das Gemäuer: Es ist bis auf Gelände-Unebenheiten und wenige Mauerreste verschwunden. Abgetragen von einem ehemaligen Steinbruchbetrieb, der in dem Neckartalhang Rohstoff für die Zementfabrik in Nürtingen ausgrub.

Mit etwas Phantasie lässt sich aber die Burganlage zwischen Merzenbach und Neckar rekonstruieren. Von der Parkbucht an der Bundesstraße 297 führt ein Trampelpfad hinauf zur einstigen Burg. Sie bestand vermutlich aus mehreren Teilen: Zunächst aus einer starken Außenbefestigung mit Gräben und Wällen. Eine in Richtung Pliezhausen zugewandte Vorburg wurde 1957 durch die Erweiterung des Steinbruchs abgetragen.[2]

Damals entdeckte man die einen Meter dicken Fundament-Mauern eines rechteckigen Gebäudes. Vor dieser Vorburg könnte noch eine

Letzte Mauerreste der vor siebenhundert Jahren verfallenen Burg.

zweite gestanden haben, die vermutlich in Richtung Dörnach ausgerichtet war.

Die eigentliche Hauptanlage – der Burghügel – hatte eine fast rechteckige Oberfläche mit den Maßen 13 × 15 Meter. Zusätzlich zur Außenbefestigung war er mit einem Wall gesichert.

Diesem bescheidenen archäologischen Befund steht ein ebenso dürftiger urkundlicher gegenüber: Von 1291 ist eine Niederschrift[3] bekannt, in der ein „Johannes von Wurmlingen" über Wiesen bei Mittelstadt nahe „Mörsperg der Burg" verfügt. Die nähere Beschreibung lässt keinen Zweifel zu, dass damit die „Pliezburg" gemeint ist.

Über die Familie dieses Ritters ist bekannt, dass sie in Diensten der mächtigen Tübinger Pfalzgrafen stand. Damit fügen sich weitere geschichtliche Puzzle-Teile aneinander. Die Inhaber der Burg müssen demnach die Tübinger gewesen sein. Allerdings erst 1250, nachdem sie in Besitz der Markung Dörnach, auf der die Anlage liegt, gelangt waren.

Die Ortsherren von Wurmlingen wurden von den Tübinger Grafen mit der Aufgabe betraut, die Burg am Neckar zu beziehen. Was diese dann über zwei oder drei Generationen lang auch taten und sich gleich nach dem neuen Sitz nannten. So als Erster ein „Berthold von Mörsberg" (1259), zuletzt ein „Otto von Mörsberg" (1348).[4]

Doch bereits 1334 heißt es, seien die Felder von „Möspere wüst gelegen".[5] Spätestens 1349 hatten die Dienstmannen der Tübinger wieder ihren Sitz in Wurmlingen. Ob sie gar mit der ganzen Burg umzogen? Wenig später taucht nämlich in den Urkunden von Wurmlingen

Der halbe Reutlinger Nordraum war im Besitz des mächtigen Klosters von Schaffhausen. (Im Bild der längste noch erhaltene Kreuzgang des alemannischen Raums).

ein Weinberg „Mörsberg" auf. Eine zwischen Hirschau und Wurmlingen gelegene Waldung trug 1650 den Namen „im Burgstall"[6].

Eine verschollene „Mörsburg" bei Wurmlingen

Wer aber hat nun die Burg bei Dörnach erbaut? Die Spur[7] führt zu einem Adalbert von Morisberk, geboren um 1070, Vogt des Klosters Allerheiligen in Schaffhausen. Dessen Großvater war der bedeutende Graf Eberhard von Nellenburg, Erbauer des Benediktinerklosters (1050) und Begründer der Stadt Schaffhausen (1045, mit der königlichen Erlaubnis, eine eigene Münzstätte in Betrieb zu nehmen).[8]

Adalberts Onkel war der nicht minder berühmte Udo, Erzbischof von Trier, der im „Investiturstreit" (Krieg zwischen Papst- und Königstreuen) bei der Belagerung Tübingens 1078 ums Leben kam, und dessen Leichnam möglicherweise in der Belsener Kirche aufgebahrt wurde.[9]

Adalbert war berüchtigt für seine Brutalität. Er misshandelte die ihm unterstellten Mönche und beanspruchte unrechtmäßig deren Abteigüter.[10] Dazu baute er Burgen nahe dem Klosterbesitz. Einerseits um die Verwaltung vor Ort organisieren zu können, andererseits um das von fremder Herrschaft eingeschlossene Gebiet (Exklave) notfalls zu verteidigen.

Im Jahre 1105 erbte Adalbert von seinem Schwiegervater, dem Grafen von Mömpelgard, die Burg Mörsberg (abgeleitet von Berg des „Moro") bei Pfirt im Elsass. Diesen Namen übertrug er auf weitere Burgen, die er in Besitz bekam oder baute: einerseits die große „Mörsburg" in Winterthur und anderseits die Burg bei Mittelstadt[11].

Grablege der bedeutenden Nellenburger Grafenfamilie im Kloster Allerheiligen.

Der Reutlinger Nordraum gehörte Schaffhausen

Denn dort war seit 1092 das Kloster Allerheiligen dank einer großzügigen Schenkung[12] seiner Nellenburger Familie[13] reich begütert[14]. Der Besitz umfasste in der Umgebung zunächst Güter in Plidolfeshusin (Pliezhausen) und dem dort verschwundenen Ort Butinsulza (heute Flurname „Büttensülzerhäule", nordöstlich des Sportgeländes), sowie in Tegirslath (Degerschlacht). Ferner kamen hinzu Liegenschaften in Gniebel, Altenburg, Mittelstadt, Oferdingen, Sickenhausen, Riederich und Neckartenzlingen.[15]

Mit der Burg am Neckarhang konnte Adalbert fernab des Klostersitzes alle Zehnten und sonstigen Abgaben der Bevölkerung nach eigenem Gutdünken verwalten und als Ortsherr über Leben und Tod der Bevölkerung entscheiden. Die Verfehlungen des Grafen führten zu seinem Ausschluss aus der Kirche (Exkommunikation) auf Grund „zahlloser Sünden und Belästigungen, die er als Vogt dem Kloster zugefügt hat".[16] Er starb ohne männliche Erben im August 1125.

Quellen/Anmerkungen:

1 Ernst Maier: Deutsche Sagen, Sitten und Gebräuche aus Schwaben. Stuttgart 1852, Seite 19.
2 Walter Brants: (Heimatbuch der Gemeinde) Mittelstadt, 1972, Seite 85ff.
3 Urkunde vom 19.6.1291 im Württembergischen Staatsarchiv.
4 Beschreibung des Oberamts Rottenburg, 1900. Wurmlingen, Seite 391ff.
5 Der Landkreis Tübingen. Band 2. Stuttgart 1972, Seite 140ff.

[6] Wie unter 4, Seite 392.

[7] Hans Jänichen: Die schwäbische Verwandtschaft des Abtes Adalbert von Schaffhausen. Schaffhauser Beiträge zur vaterländischen Geschichte, 1985, Seite 5ff.

[8] Der „Geburtsschein" wurde am 10.7.1045 von König Heinrich III. vergeben. Stadtarchiv Schaffhausen A I 1425.

[9] Stälin: Württembergische Geschichte, Band 1, 1841. Herzog Rudolf. Seite 510ff. Vgl.: Jürgen Meyer: Archäologische Geheimnisse. Die vielen Rätsel der Belsener Kapelle, Oertel+Spörer, Reutlingen 2002.

[10] Hans Kläui: Genealogisches Handbuch der Schweizer Geschichte Band IV, Seite 194.

[11] Hans Jänichen: Die Burg Mörsberg bei Mittelstadt. Heimatkundliche Blätter für den Kreis Tübingen, 1959. Nr. 1.

[12] Werner von Kirchheim (Ehingen), Graf von Frickingen, und seine Mutter Richinza, Schwester des Herzogs Berthold II. und des Konstanzer Bischofs Gebhard, vermachten ihr Eigentum dem Kloster. Die Schenkung auf dem bedeutenden Ulmer Fürstentag am 2. Mai 1092 wurde u.a. bezeugt von den Herzögen Berthold von Zähringen (Welf II.) und Welf IV., sowie dem Tübinger Pfalzgrafen Hugo und dem erstmals mit dem Namen Württemberg genannten Konrad (von Wirtinsberk). Quelle: Württembergisches Urkundenbuch I, Seite 296ff.

[13] Der Besitz rund um die Mörsburg war wahrscheinlich auf dem Erbweg von Kaiser Heinrich II. über die Nellenburger an Werner und seine Mutter gelangt. Vgl.: Heinz Bühler: Wie gelangte Kirchheim unter Teck in den Besitz der Grafen von Nellenburg? Schriftenreihe des Stadtarchivs Kirchheim. Band 13.

[14] K. Müller: Der Güterbesitz des Klosters Allerheiligen: Zeitschrift für Württembergische Landesgeschichte, 1957.

[15] Irmtraud Betz-Wischnath: Herrschaft in Pliezhausen. 900 Jahre Pliezhausen, 1992. Seite 27 ff.

[16] Wie unter 10.

Mysteriöse Riesenkatzen

Am Albrand lebt vorchristlicher Glaube in Flurnamen weiter

Weidenkätzchen im „Katzenbachtal" zwischen Weiler und Bad Niedernau.

Katzenbühl, Katzenloch, Katzenwiese ...: In den Tälern und Höhen insbesondere zwischen Neckar und Schwäbischer Alb muss es nur so von Katzen gewimmelt haben: Diesen Eindruck bekommt man zumindest, wenn man sich die ungewöhnlich große Zahl der Ortsbezeichnungen vor Augen führt, deren Namensbeginn mit „Katze..." gebildet werden.[1] Die Deutung von Flurnamen gehört zu den von der Wissenschaft umstrittensten Arbeiten der Heimatforschung[2]. Vor allem, wenn es sich, wie in unserem Fall, um die schriftarmen, „dunklen Jahrhunderte" handelt. Dennoch folgt hier der Versuch, sich in die mythische Vorstellungswelt unserer bäuerlichen Vorfahren hineinzuversetzen.

Katzennamen sind uralt

Die meisten der Katzen-Flurnamen müssen uralt sein, weil sie fast ausschließlich größere Flächen benennen, die nicht in Privateigentum sind. Das gilt eigens für fließendes Gewässer, wie beispielsweise den „Katzenbach" im Raum Rottenburg/Dettingen. Fernerhin seien exemplarisch der „Katzenberg", westlich von Schömberg und das „Katzental" bei Bichishausen genannt. „Katzenberge" und „-täler" dürften aus der Zeit der ersten Dorfgründungen stammen, vor Beginn der urkundlich erfassten Lokalgeschichte.

Mit dem weiteren Ausbau von Siedlungen tauchen dann aber auch erstmals Katzennamen in den Urkunden auf. Sicher zu den ältesten Nennungen zählen die um 1099 erwähnte (ehemalige) Burg „Cazzenstein" im Raum Gerabronn[3]. Um 1192 ist eine „(nemus) Cazcensteige" bei Römerstein-Böhringen[4] aufgeführt. In Lustnau ist 1274 die „under Katzenstaige" verbrieft[5]. Während sich aber die Namen über viele Jahrhunderte erhalten haben, ist ihr eigentlicher Sinn verloren gegangen.

Invasion der Raubkatzen?

Hat denn etwa einst die Wildkatze in großer Population unsere Wälder und Wiesen beherrscht? Davon ist den Naturkundlern nichts bekannt. Zwar ist die scheue Wild- oder Waldkatze seit 250 000 Jahren bei uns heimisch. Sie wurde aber durch die Rodungs-Aktivitäten des Menschen immer weiter verdrängt. Die zahme Hauskatze, quasi ihre Kusine in der insgesamt 17 Gattungen umfassenden Familie der Katzen, kam erst vor 2000 Jahren mit den Römern über die Alpen. Als Haus- und Hoftier zählte diese aber noch im 10. Jahrhundert zu den seltensten Tierarten im mitteleuropäischen Raum. In den deutschen Mittelgebirgen soll es momentan höchstens 2.000 der nachtaktiven Räuber geben.[6]

 Hat die Katze in großer Population unsere Wiesen beherrscht?

Warum nennen die Öschinger das Tal zwischen Roßberg (hinten) und Filsenberg „Katzenwadel"?

Allein die Vielzahl der „Katzenbäche" ist ja auch mit den wasserscheuen Tieren kaum in Einklang zu bringen. Eine flüchtige Reinigung nennt man deshalb bekanntlich nicht umsonst „Katzenwäsche"[7]. Dass Haus- oder gar Wildkatzen den Gewässern ihren Namen gaben, weil sie dort dem Fischfang frönten, entbehrt ebenfalls der zoologischen Grundlage. Es muss sich also um ganz besondere Katzen handeln!

Führen wir uns mal einige der Flurnamen bildlich vor Augen: Zwischen Undingen und Willmandingen (Sonnenbühl) entsteht der Eindruck, dass einst eine große Katze das namengebende Tal ausgefüllt hat. In Gomadingen genauso. In Mössingen-Öschingen, zwischen Bolberg und Roßberg, könnte ein gewaltiger Schwanz, der „Katzenwadel", in das Tal des Öschenbachs hineingewedelt haben.

Spuren von Riesenkatzen

Jenseits des Engstinger Benzenbergs, zwischen Zwiefalten-Upflamör und Hochberg, hinter dem Zoller-Berg im Wessinger Wald und bei Killer, Zainingen, Metzingen oder Sulz-Bergfelden kletterten demnach Katzen auf langen Steigen auf die Höhe und streiften über ganze Höhenzüge hinweg. Nördlich von Hayingen wäre eine Katze gesessen, deren Kopf einen ganzen Berg ausfüllte. In Albstadt-Ebingen bäumte eine Katze ihren Buckel zu einem Bergrücken. Die Aufzählung lässt sich beliebig fortsetzen, und sie verdeutlicht: Wir haben es offenbar allerorts mit Riesenkatzen zu tun!

Dem ist natürlich nicht so. Hinter den Katzennamen könnten sich aber meteorologische Vorgänge verbergen[8], die unsere naturwissenschaftlich unbedarften Vorfahren bildlich zu erklären versuchten: Wenn der Nebel im Tal lag, ruhte die Katze in ihrem Lager, dem „Katzental". Lösten sich die Nebelschwaden über die Hänge auf, dann kletterte die Katze über die „Katzensteigen". Blieb der Nebel hängen, waren dies die „Katzenwiesen", „Katzenäcker" oder „Katzenwälder".

Das lässt sich tatsächlich auch beobachten. Insbesondere an der zwischen Balingen-Erzingen und Dormettingen rechtsseitig verlaufenden „Katzensteige", die rund zwei Kilometer parallel zum „Katzenbach" verläuft; an der „Katzensteig" oberhalb des Neckars bei Tübingen-Pfrondorf oder in den „Katzenäckern" bei Riedlingen-Daugendorf im Donautal am Fuße des ansteigenden „Tautschbuchs".

Nebelkater „Niff"

Auf dem 668 Meter hohen „Ipf" im Nördlinger Ries lässt der Volksmund gar den „Nebelkater Niff" hausen. Noch bis 1808 feierten die Einwohner von Bopfingen seit alters her auf dem Berg den „Ipftanz" – eine „Umbiegung des heidnischen Frühlingsfestes".[9]

Die Höhen schließlich, über denen sich die Nebel zu Wolken ballten, nannte man nicht nur „Katzenberge" sondern, wie vielerorts noch geläufig: „Heuberge". Diese spezielle sprachliche Variante von „Heu" (es gibt auch noch das schwäbische „hei" für „hoch") stammt eigentlich von „hai", was nichts anderes wie „Nebel" bedeutet[10]. So finden

Von der „Katzensteige" bei Erzingen hinab ins „Katzenbachtal".

sich die Katzen-Orte oftmals in räumlicher Nähe zu Heu-Orten, wie in Bad Urach-Sirchingen („Katzental“ und Heuweg), Laichingen-Feldstetten („Kazenfäul“ und Heupfad) oder Dormettingen („Katzenwiesen“ und „Kleiner Heuberg“).

Als die Bauern noch „Heukatz“ feierten

Doch auch bei der Heuernte (althochdeutsch „houwi“, von Futter „hauen“)[11] ist die Katze wieder symbolisch mit dabei: Als „Heukatz“, dem letzten Wagen, der ins Dorf gefahren wird und auf dem zumindest früher meist ein Knecht saß, der wie eine Katze miaute[12]. Ebenso in der „Heuetkatz“, mit der das Ende der Ernte von allen Beteiligten in den Wirtshäusern gefeiert und die in Form eines (Opfer-)Küchleins dem Pfarrer gebracht wurde[13].

Aber warum gerade Katzen? Märchenforscher Jacob Grimm schrieb: Es sei der sich im einfachen Volk sehr lange gehaltene vorchristliche Glaube an die germanische Liebes- und Wettergöttin Fria (analog zur römischen „Venus“)[14]. Fria war die einzige Göttin, die nachweislich von allen germanischen Teilstämmen verehrt wurde. Die Katzen sah man bereits in der mythologischen Verehrung der alten Ägypter in ei-

Die Bedeutung der Katzennamen reicht bis zu der altägyptischen Mond- und Katzenanbetung zurück.

nem mondbezogenen (lunaren) Zusammenhang[15], weshalb sie als Symboltier des Weiblichen und Fruchtbaren galten. Grimm: „Nach den ältesten Zeugnissen erscheint Freya (Fria) auch kriegerisch, auf einem mit zwei (riesigen) Katzen bespannten Wagen.“[16]

Im Schwäbischen verwendet man, je nach Region, bei Hagel und Graupel den Ausspruch: „Es kitzebohnelet“ oder „es regnet Kutzebone“.[17] Den Sinn dieses Wortes vermag aber eigentlich niemand mehr so richtig zu deuten. Dahinter steckt die Vorstellung, dass die durch die Wolken jagenden Katzen ihren Unrat – die „Katzenbohnen“ – im Hagel zur Erde werfen. Die phosphoreszierenden Augen der Tiere deutete man bei Gewitter als Blitze. In den „Katzenbächen“ – um den Wetterkreislauf wieder zu schließen – lief das Regenwasser schließlich zusammen. Eine alte Bezeichnung für die dort liegenden Kieselsteine lautet übrigens „Bachkatzen“[18].

Die Katze war nicht nur ein der Göttin Fria geheiligtes Tier. Wer in Ägypten eine Katze tötete, wurde mit dem Tode bestraft. Unzählige Katzenstatuetten sind uns vom letzten vorchristlichen Jahrhundert erhalten geblieben; riesige Katzenfriedhöfe wurden von den Archäologen entdeckt. Die Germanen lernten die Katzen wahrscheinlich im Gefolge der römischen Besatzungsmacht kennen und schätzen.[19]

Zeichen großer Verehrung: Gottähnliche Katzenfigur (Ägypten-Ausstellung im Schloss Hohentübingen).

Vom Friatag zum Freitag

Nun lässt sich dieser Fruchtbarkeits- und Wetter-Aberglauben auch an einem Wochentag festmachen: An dem der Fria gedachten „Friatag“ (heute Freitag; südlich der Baar als „Fritig“, mit kurzem i vor dem harten t gesprochen)[20] wurden ausgelassene Hochzeiten gefeiert. Ging eine Braut bei gutem Wetter zur Trauung, so hieß es: „Die hat die Katze gut gefüttert“, also das Tier der Liebesgöttin nicht

Nebel steigt über die „Katzensteig" nach oben (am Wessinger Wald).

beleidigt[21]. In katholischen Gegenden wird noch heute beim Freitagsgebet gutes (Ernte-)Wetter erbittet. Mancherorts stellte man für die Katzen Milch ins Getreidefeld, um eine Missernte zu vermeiden.

Als das Christentum den bisherigen Glauben zu verdrängen begann, wurde der ehedem fröhliche Freitag schlecht geredet. Der Tag, „an welchem der Herr gekreuzigt wurde", erklärten die neuen Priester für einen „schwarzen" Tag.[22] Die Beschreibung des Oberamts Reutlingen von 1893 vermerkt über „Sitten und Gebräuche" in der Region: „Am Freitag wird keine Hochzeit gehalten, nicht leicht eine Reise oder ein Dienst angetreten, nicht ein- oder ausgezogen."[23] Als „Unglückstag" galt der Freitag auch im Riedlinger Oberamt.[24]

Zum Unglückstier verdammt

Übrigens, wie vermutlich auch in den anderen Oberämtern, wurde gleichfalls der Mittwoch nicht sonderlich geschätzt, es seien „verworfene Tage."[25] Kirchlicherseits damit begründet, dass an diesem Tag „Judas den Herrn verraten" habe. Man bläute den Leuten deshalb ein, dass dieser Tag so unvollkommen sei und deshalb nicht einmal den Zusatz „-tag" verdiene. Die Folge war, dass die Bauern mitten in der Woche nichts anfingen, was von Bestand bleiben sollte („Am Mittwoch fliegt kein Vogel aus"). An diesem Tag durften nur die „gefallenen Mädchen" oder Witwen/Witwer heiraten.

Mit der Ausmerzung der vorchristlichen Glaubenswerte geriet auch die Katze als Begleiterin der heidnischen Göttin „Freya" in das düstere Licht des Mittelalters. Die Kirche verfälschte das Wesensbild der Katze so sehr, dass aus dem einstmals hoch verehrten Geschöpf ein Unglück bringendes Wesen wurde. Es habe neun Leben, sagte man dem widerstandsfähigen Tier nach. Eine Kreatur, die von großer Höhe hinabfallen konnte und immer unversehrt auf den Pfoten landete, konnte deshalb nur mit dem Teufel im Bunde stecken. Zum Verhängnis wurde den Katzen ihre Nähe zu den wärmenden und satt machenden Herdstellen; und das wiederum hatte fatale Folgen für jene ungezählten arglosen Frauen, die der Hexerei bezichtigt wurden.

„Katzen sind Hexen"

„Katzen sind aber nichts anderes als Hexen",[26] hieß es. Ihnen wurden Kriege, Feuersbrünste und schließlich die verheerende Pest im 14. Jahr-

Luther schürte den Katzenhass: „Hüte dich vor Katzen, vorne lecken, hinten kratzen."

hundert zur Last gelegt. Sie mussten das gleiche Schicksal wie die Frauen erleiden. Hunderttausende von Katzen wurden zu Tode gefoltert, gehängt oder ertränkt. Am 24. Juni, dem Johannistag, warf man die lebenden Tiere unter dem Gejohle der tanzenden Menschenmenge in das lodernde Feuer.[27]

Selbst ein Martin Luther schürte die bis zum heutigen Tag nicht auszumerzenden Vorurteile eines angeblich „falschen“ und „hinterlistigen“ Wesens: „Hüte dich vor Katzen, vorne lecken hinten kratzen.“ Seit damals gibt es die Vorstellung einer „Schwarzen Katze“, die Unglück bringt. In Pfullingen „weiß die Sage viel zu erzählen von unheimlichen schwarzen Katzen, denen man nachts auf Brücken und Stegen begegnet.“[28] Vielleicht hängt diese hohe Population damit zusammen, dass am Fuße (Flurname „Kätzler“) der über dem Stadtteil „Ahlsberg“ ansteigenden „Wanne“ einst „eine Kapelle der Lieben Frau geweiht war“[29], was auf die der „heiligen Maria“ übertragene „Fria“ hindeutet.

Wie aus einem am Hochzeitstag ehedem Segen spendendes ein Unheil bringendes Wesen wurde, verdeutlicht ein Beispiel aus dem Tuttlinger Raum. Wenn eine Katze vor dem Brautzug über den Weg sprang, bekamen die Brautleute Angst vor dem sich anzeigenden Unglück.[30] Es blieb nichts anderes übrig, als drei Steine über die Katzenspur zu legen oder auf einen Stein zu spucken.

Von der „Großen Lauter“ steigt der Wasserdampf über das „Katzentäle“ am „Sternberg“ auf.

Quellen/Anmerkungen:

1 Zugrunde gelegt ist lediglich eine Durchsicht der gängigen topografischen Karten der Region im Maßstab 1:25.000. Die tatsächliche Namensdichte der Katzennamen liegt um ein Vielfaches höher, da es fast auf jeder Gemeindemarkung weitere Flurnamen-Varianten gibt, die als detaillierte Angaben nicht in die großen Kartenwerke eingeflossen sind.

2 Rainer Loose: Flur- und andere Örtlichkeitsnamen als siedlungsgeschichtliche Quellen. In: Zeitschrift für hohenzollerische Geschichte, 26. Band, Hohenzollerischer Geschichtsverein, Sigmaringen 1991, Seite 123 ff.

3 Württembergisches Urkundenbuch I. 313. IV. 480 W. Franken 1865, Seite 148.

4 Württembergisches Urkundenbuch III. 477.

5 Buck: Hohenzollern´sche Ortsnamen. In: Mittheilungen des Vereins für Geschichte und Alterthumskunde in Hohenzollern, Band VII. Sigmaringen, 1873/74, Seite 4.

6 Hans-Wilhelm Smolik: rororo Tierlexikon. Band 2, Bertelsmann, Gütersloh 1986, Seite 22. Stubbe/Krapp (Hrsg.): Handbuch der Säugetiere Europas, Raubsäuger (Teil II), Wiesbaden 1993.

7 Schwäbisches Handwörterbuch. Mohr Siebeck, Tübingen 1999, Seite 266.

8 H. Bazing: Die Katze in Ortsnamen. In: Württ. Vierteljahreshefte für Landesgeschichte, 1886, Seite 57 ff.

9 Julius Wais: Albführer. Band 1. Schwäbischer Albverein, Stuttgart 1954, Seite 117, und: J. Hartmann (Hrsg.): Württembergische Neujahrsblätter Heft 3. Stuttgart 1886.

10 Ludwig Laistner: Nebelsagen. Leipzig 1897, Seiten 101, 138, 162, 227, 262.

11 Walter Keinath: Orts- und Flurnamen in Württemberg. Stuttgart 1951, Seite 99.

12 Schwäbisches Handwörterbuch. Mohr Siebeck, Tübingen 1999, Seite 236.

13 Wie unter 1. Auch in der Beschreibung des Oberamts Rottenburg. Statistisches Landesamt Stuttgart, Kohlhammer, 1899, Seite 178.

14 Dr. theol. Manfred Becker-Huberti: Kirchliches Festjahr, Die Woche. Erzbistum Köln, 2001.

15 Ägypten war die Urheimat der (Haus-)Katze. Um 1500 vor Christus begann man das Tier als „Wächterin" der von Mäusen bedrohten Kornkammerspeicher zu domestizieren. Es folgte eine Verehrung zur Zeit der Pharaonen Tut-ench-Amun und Ramses. Die Katze wurde zur Gottheit „Bastet" erhoben, sie symbolisierte die „fetten Jahre". Aus: Bärbel Scheele. ZDF mediathek. www.zdf.de.

16 Jacob Grimm: Deutsche Mythologie. Band I. Elard H. Meyer, Berlin 1875–78, Seite 253, 254.

17 „Kutz" bezeichnet das Schwäbische Handwörterbuch, Mohr Siebeck, Tübingen 1999, Seite 291, als 1. weibliche Katze, besonders als Scheuchruf: „Kutz! Gang naus!" bzw. unter „Kutzemulle" als liebkosender Ausdruck für eine Katze, besonders in der Kindersprache.

18 Jacob und Wilhelm Grimm: Deutsches Wörterbuch, Band 1, 1877, Seite 1062.

19 Hans-Wilhelm Smolik: rororo Tierlexikon, Band 2, Bertelsmann, Gütersloh 1986, Seite 22.

20 Hermann Fischer: Die Namen der Wochentage im Schwäbischen. Württembergische Vierteljahreshefte für Landesgeschichte 1900, Seite 185.

21 Wie unter 2.

22 Dr. Wilhelm Wägner: Nordisch-germanische Götter und Helden. Freya, Frea oder Frouwa? Verlag Otto Spamer, Leipzig 1887, Seite 207.

23 Beschreibung des Oberamts Reutlingen. Statistisches Landesamt Stuttgart, Kohlhammer, 1893, Seite 141.

24 Beschreibung des Oberamts Riedlingen. Statistisches Landesamt Stuttgart, Kohlhammer, 1923, Seite 477.

25 Karl Bohnenberger: Hochzeitsgebräuche. In: Volkstümliche Überlieferungen in Württemberg. Silberburg-Verlag, Stuttgart, Nachdruck 1961, Seite 126.

26 Wie unter 10, Seite 158.

27 Die ersten Katzen in Europa. www.boeschatt.at.

28 Wie unter 23.

29 Theophil Rupp: Aus der Vorzeit Reutlingens und seiner Umgebung, 1869. Knödler Verlag, Reutlingen. Reprint von 2001, Seite 10.

30 Der Kreis Tuttlingen. Volkskundliche Sitten. Theiss Verlag, Stuttgart 1970, Seite 114.

„Zerstört ward alles, stehen blieb kein Stein“

Vor 700 Jahren gingen im Albgebiet reihenweise Burgen in Flammen auf

„Mit dem Frühjahr 1311 brannte die Kriegsflamme durch das ganze Wirtemberger Land“, heißt es in den Annalen[1]. Am schlimmsten betroffen die Region zwischen Neckar und Alb: Die einst stolze Burg Hohenjungingen fiel zusammen. Sie wurde nie wieder aufgebaut. Das gleiche Schicksal erlitten damals auch die Festungen Ror bei Bisingen, Haideck nahe Trochtelfingen, die beiden Lichtensteiner und die drei Greifensteiner Burgen bei Unterhausen und Holzelfingen. Auch die Burg Grüningen (nahe Riedlingen) wurde zerstört.[2]

Mit ihnen gingen ganze Ortschaften in Flammen auf; möglicherweise einige Orte, die für immer verschwanden und deren Lage heute nur noch über Flurnamen zu finden sind. Sicher scheint, dass Pfullingen und Nürtingen verwüstet wurden. Rund um Stuttgart dasselbe Bild. Einzig die Bollwerke von Hohenurach, Hohenneuffen, Hohen-Wittlingen und Seeburg hielten den Angriffen stand.[3]

Die Quellenlage über diese Ereignisse ist sehr dürftig, der Anlass jedoch bekannt: Der verheerende Feldzug war Teil des so genannten „Reichskrieges“. Zu Beginn des 14. Jahrhunderts wollte sich die noch

Von den Reutlingern zerstört und nie wieder aufgebaut: Burg Hohenjungingen.

Württemberg saß schon auf dem Hohenneuffen (Bild) und wollte nach Urach und Münsingen auch Reutlingen und Esslingen einverleiben.

kleine Grafschaft Württemberg auf Kosten seiner Nachbarn territorial vergrößern. In unserer Region waren die Gebiete von und um Urach[4], Münsingen[5], Nürtingen[6] und Neuffen[7] schon in württembergischem Besitz. Graf Eberhard der Erlauchte plante, nun auch noch die selbstständigen und finanzstarken acht Reichsstädte wie Rottweil, Esslingen und Reutlingen in sein Schwäbisches Reich einzuverleiben.

Der davon nicht begeisterte deutsche König Heinrich VII. rief 1310 die bedrängten Städte dazu auf, ihre „gesamte wehrhafte Einwohnerschaft wie ein Mann“[8] gegen den Grafen ausrücken zu lassen, und erteilte ihnen eine siebenjährige Befreiung von allen Zöllen und Steuern.

Überwältigendes Ritteraufgebot

Der König schickte eine seiner drei Armeen[9] Richtung Württemberg. Zum Heerführer wurde Konrad von Weinsberg bestimmt. Der sammelt ein überwältigendes Ritteraufgebot um sich: die Herzöge von Teck und Graf Rudolf von Hohenberg (Rottenburg), denen die württembergische Expansion vor ihrer Nase natürlich überhaupt nicht passte. Ferner die Grafen von Vaihingen, Aichelberg, Urbach, Bernhausen, Stein, Staufeneck und die Herter von Dusslingen. Die einst mächtigen, nun finanzschwachen Tübinger, die früher auch von einer eigenen Großmacht träumten, aber von Württemberg ausgebootet wurden, schlossen sich dem Kampf gegen den alten Rivalen an.

Pfullingen wurde 1311 von den Reutlinger Nachbarn niedergebrannt (Zeichnung von Andreas Kieser um 1683).

Die freie Reichsstadt Esslingen übertrug den Oberbefehl über ihr Fußvolk deshalb an den Tübinger Pfalzgrafen Götz. Diese marschierten am 22. Mai 1311 zur Stammburg Wirtemberg (Untertürkheim). Als sich die Besatzer vor dieser in Stellung gebracht hatten, machte Graf Eberhard mit seinen Soldaten einen Ausfall. Aber statt die Esslinger nachdrücklich zu verfolgen, „fielen seine Scharen beutegierig über das Lager der Städter her. Götz sammelte alsbald seine fliehenden Fähnlein und führte sie gegen die aufgelöste Macht mit bestem Erfolg. Diese erlitten eine vollständige Niederlage. Viele vom Adel und der größte Theil des Fußvolks kamen um.“ Danach ließ der Tübinger die Burg einreißen und das Dorf Rothenberg in Flammen setzen, die Burg Asperg und Marbach zerstören.[10]

Grüningen fiel zuerst

Erst um 1860 waren Schriften[11] eines Esslinger Chronisten[12] aufgetaucht, die eine führende Rolle der Reutlinger in diesem Krieg bezeugen. Die knappen lateinischen Verse belegen, dass die Reutlinger ihre Truppen gegen württembergische Besitzungen und Verbündete zunächst nach „Grieningen“ führten. Vermutlich handelt es sich dabei um die ehemalige Burg in Grüningen (Riedlingen)[13]. Einerseits deswegen, weil die Ortsherren, die Grafen von Berg-Schelklingen, die einzigen waren, die zu Württemberg hielten. Andererseits, weil sich der Vernichtungszug der

Reutlinger wohl auf den Süden konzentriert hatte. Nächstes Ziel war die oberhalb von Bisingen liegende Burg Ror – „darin kamen viele um“ – die dabei völlig zerstört wurde. Jungingen in Folge „lag in Wall und Graben zusammen geschoben darnieder“. Die hoch gelegene Burg wurde „durch die bisher unbesiegten und nun hoch gelobten Bürger“ niedergebrannt und später nie wieder aufgebaut.

Die Reihenfolge der Verse lässt das damals noch nicht ummauerte Nürtingen als nächste Attacke vermuten – „in Schutt und Asche gelegt“. Damit vernichteten die Reutlinger zielsicher alles, was etwa an städtischer Konkurrenz zu jener Zeit schon aufzukeimen begonnen hatte.[14] Das Nachbardorf Pfullingen haben die aufgebrachten Städter mehr oder weniger auf dem „Nachhauseweg“ in Brand gesetzt.[15]

Flammen überm Echaztal

Vermutlich nächste Station war die erst 1967 lokalisierte Burganlage Haideck bei Trochtelfingen: „Das zerstörte Heydeck bleibt in Asche gelegt durch die harten und starken Bürgersöhne Reutlingens.“ Eine recht freie Übersetzung[16] der lateinischen Texte lieferte der Reutlinger Theodor Schön aus der patriotischen Kaiserzeit um 1895: „Das Tal hinauf ward mutig dann geschritten. Das feste Haideck musst uns lassen ein. Da half kein Fleh´n dem Feind, da half kein Bitten. Zerstört ward alles, stehen blieb kein Stein.“

Imposante Ruinen bei Holzelfingen: „Die Greifensteiner Mauern sind rundherum geschleift.“

Die Reutlinger verwüsteten weiter die den Zugang zum Zellertal sichernde Burg Hochbideck bei Unterhausen. Ihr Standort ist aber umstritten. Jedenfalls müssen dort die Dienstmannen des Grafengeschlechts der Greifensteiner gesessen haben. Deren beide Hauptburgen weiter oberhalb bei Holzelfingen ereilte das gleiche Schicksal: „Die Greifensteiner Mauern sind, obwohl sie sehr fest waren, von den sie überrennenden Bürgern rundherum geschleift.“ Auch sie wurden nicht mehr aufgebaut.

Schließlich fiel die um 1150 erbaute Vorgängerburg des heute weithin berühmten Lichtensteins ebenso wie die einige hundert Meter nördlicher liegende Parallelburg – heute als Ruine „Alter Lichtenstein“ bekannt:

„Die hochragende Burg Lichtenstein ist in die Tiefe gestürzt durch die Bürger, deren Heer die festen Mauern brachen.“ Beide Anlagen wurde zwar nach dem Frieden von 1315 wieder aufgebaut, doch im zweiten Städtekrieg, der dann sechzig Jahre später ausbrach, von den Reutlingern erneut geschliffen.

Der Triumph der Anti-Württemberg-Allianz war allerdings nur von kurzer Dauer. Nach dem plötzlichen Tod des Königs Heinrich VII. am 24. August 1313 kam es zum Friedensvertrag mit den Reutlingern „umb alle Kriege, Stöße und Misshellungen so wir mit ainander gehebt haben bizher von den Reiches wegen.“[17] Bis zum Herbst 1316 hatte Graf Eberhard alle verloren gegangenen Besitzungen wieder zurückbekommen.

Quellen/Anmerkungen:

1 Christoph Friedrich von Stälin: Wirtembergische Geschichte. Dritter Teil. Cotta, Stuttgart 1856, Seite 129ff.
2 Über die Geschichte der einzelnen Burgen siehe die nachfolgenden Kapitel.
3 Wie unter 1, Seite 130.
4 Ab 1254 fassten die Württemberger Schritt für Schritt Fuß im Ermstal. Sönke Lorenz: Frühe Herrschaftsentwicklung. Aus: Der Landkreis Reutlingen. Thorbecke, Sigmaringen 1997, Seite 107.
5 Dazu gehörten auch Bernloch, Meidelstetten, Kohlstetten, Gomadingen, das heutige St. Johann, Wittlingen und Hengen. Oberamtsbeschreibung Münsingen, 1912, Seite 283.
6 Ab 1299 war Württemberg im Besitz von Teilen Nürtingens, Grafenbergs und weiteren Orten. Aus: Heimatbuch des Kreises Nürtingen, Band 1, 1950, Seite 312.
7 Um das Jahr 1301. Oberamtsbeschreibung Urach, 1909, Seite 201.
8 Wie unter 1, Seite 125. Mit Verweis aus zeitgenössische Quellen.
9 Das erste Heer kämpfte bereits im Süden Italiens. Nach dem Sieg dort wollte der König zum Kaiser ernannt werden, was 1312 auch geschah. Das zweite Heer stand in Nürnberg und war gegen Böhmen gerichtet, wo der König einen militärischen Umsturz herbeiführen wollte.
10 Dr. Ludwig Schmid: Die Geschichte der Pfalzgrafen von Tübingen, 1853, Seite 556.
11 Ein Gedicht eines Zeitzeugen, der die Ereignisse in 84 Versen abfasste. Anzeiger für Kunde der deutschen Vorzeit, Band 19, 1872, Seite 302.
12 Vgl. Walter Ludwig: Der Esslinger Arzt Trutwein und sein Siegesgedicht von 1312. Esslinger Studien. Zeitschrift 34, 1995, Seiten 1–19.
13 Urkunden fehlen aus dieser Zeit. In Grüningen gab es jedoch drei Burgen. Zwei davon, das untere und das obere Schloss, sind 1750 bzw. 1609 umgebaut worden und heute noch zu besichtigen. Aus: Burgen, Schlösser und Adelssitze. Heimatkundliche Blätter für den Kreis Biberach, Heft 1, Biberacher Verlagsdruckerei, 1986.
14 Hans Schwenkel: Kreisstadt Nürtingen. Heimatbuch, Band 2, 1953, Seite 775ff.
15 Vgl. Geschichte von Pfullingen. www.pfullingen.de.
16 „Heydeck eversa manet in cineremque reversa per cives pueros Reutlingen robore duros": Die sprachlich fundiertere Übersetzung des in leoninischen Versen verfassten Textes habe ich freundlicherweise Herrn Thomas Baral vom GEA in Reutlingen, mit altphilologischer Unterstützung, zu verdanken.
17 Gayler: Denkwürdigkeiten von Reutlingen bis 1577, Seite 42.

Die Suche nach dem richtigen „Lichtenstein"

Welche von über zehn weiteren Adelssitzen gleichen Namens war die Ur-Burg der Familie?

Er ist der „Eiffelturm" der Schwäbischen Alb, weltberühmtes Wahrzeichen einer ganzen Region – der „Lichtenstein". Ein in Fels gesetzter Traum von einer romantischen Ritterburg, ein Märchenschloss. Mit einem kleinen Schönheitsfehler: Der Abschluss der letzten Bauarbeiten fand knapp dreißig Jahre vor der Erfindung des ersten Autos statt.[1]

Lichtenstein heute: Bilderbuch-Schloss vor Märchenkulisse. Doch wo liegen die Anfänge?

Burg 1: Das Märchenschloss

Es dürfte allgemein bekannt sein, dass das heutige Schloss auf dem steilen Felsen über dem Echaztal vom württembergischen Herzog Wilhelm von Urach 1839 in Auftrag gegeben worden war. Angeregt von einem Roman Wilhelms Hauff über die Abenteuer seines Vorfahren Ulrich[2] gründete er nicht nur den Württembergischen Geschichts- und Altertumsverein, sondern ließ auf den Fundamenten eines 1837 abgebrochenen Forsthauses[3] das künftige familiäre Zentrum[4] der Familie errichten.

Den brütenden Vögeln zuliebe ein seltenes Bild: Lichtenstein im Schweinwerferlicht.

Das Forsthaus wiederum stand auf den Resten einer vormaligen Burg. Die wurde seit 1567 nicht mehr als Herzogsresidenz, sondern als Wohngebäude des für den herrschaftlichen Forstbetrieb eingesetzten Verwalters genutzt. Trotzdem machte die herzogliche Familie bei Jagdausflügen auf die Alb hier oder in den Jagdschlössern von Pfullingen, Grafeneck und Steinhilben Station.[5]

Burg 2: Der Sitz der Vögte

In der Zeit vor 1567 war die Burg mit Vögten besetzt. Diese „Geschäftsführer“, deren Namen uns nur lückenhaft vorliegen, stammten von verschiedenen angesehenen Familien. Die karge Liste lässt sich bis 1394 zurückverfolgen, denn damals war die Burg neu erbaut worden.

Vom Holzelfinger Pfarrer Jakobäus[6] liegt eine Beschreibung der mittelalterlichen Burg vor, „welche nicht groß ist und auf einem Felsen liegt, so dass die unteren Zimmer in den Fels gehauen sind. Es ist von den anderen Felsen abgesondert, auf welches eine lange Brücke geht, unter der ein sehr tiefer Graben ist und auf beiden Seiten sind Felsen, die lange Leitern zum Hinaufsteigen nötig haben ... Außerhalb einen tiefen Brunnen, darin das Vieh isst, und einen Weiher von dem Wasser, welches von den Dächern läuft. Unten an der Staig (von Oberhausen) ist ein vortrefflicher Brunnen, welcher aus dem Fels hervorquillt. Im unteren Teil des Schlosses ist ein Festungswerk.“

Ein Blick ins Innere: „Etwas höher ein herrlicher Pferdestall, in den Fels gehauen. Wenn man die Stiege (Turm) hinaufgeht, findet man eine weite und helle Stube mit gegossenem Boden. Im oberen Stockwerk ist eine überaus schöne Stuben, ringsherum mit Fenstern. Im Schloss geht man durch eine Schnecke hinab von oberst bis zu unterst. Das Schloss hat im vorderen Teil, gegen Aufgang, ein erschröckliches Absehen wegen der Gähe, dass wenige sind, die hinab sehen können und sich nicht fürchten. Diesem Schloss müssen die Dörfer frohnen.“

Über die Dienste der Untertanen gibt ein herzogliches Protokoll[7] von 1552 Auskunft: „In den Flecken von Undingen, Willmandingen, Erpfingen, Mägerkingen und Hausen war jeder schuldig, alle Jahre einen Klafter[8] (Holz), und die Wiesenmahd zu machen. Die von Unterhausen und Holzelfingen müssen aus den Fürsten-Wäldern dasselbige Holz auf Lichtenstein in Frohnsweise führen, die Wiesenmahd heuen und den Mist vom Schloss (rund 30 Pferde) auf die Wiesen führen.“

Burg 3: Der Lichtenstein bis zur Zerstörung im Städtekrieg

Die freien Reichsstädte, die auf der Landkarte des späteren 14. Jahrhunderts wie Inseln von fremden Territorien umspült waren, hatten wegen des ausufernden Expansionsdrangs ihrer Nachbarn schlichtweg Angst davor, „unter zu gehen“. Auch der Kaiser, der in ihnen uner-

Durch das Echaztal (Blick nach Süden) zogen die Reutlinger Soldaten 1311 und 1388, um die Lichtensteiner Burg anzugreifen.

schöpfliche Steuereinnahmequellen erkannt hatte, bedrohte deren Unabhängigkeit. Wie ihre norddeutschen Nachbarn, die Hansestädte, schlossen sich die schwäbischen wie Ulm, Esslingen, Weil und Reutlingen deshalb zu einem Bündnis zusammen. In dem folgenden unausweichlichen, mehrjährigen Krieg „wurden uf 1500 Dörfer verherget und verbrannt, und uf 1400 Menschen gefangen und erschlagen zu beiden Siten". Der Städtekrieg gipfelte am 14. Mai 1377 in der berühmten Schlacht vor Reutlingen mit einer katastrophalen Niederlage des Ritterheeres.[9]

Die Bürgerwehr holte an die siebzig schwer bewaffnete Ritter und Knappen im wahrsten Sinne des Wortes von ihren hohen Rössern runter. Während die Reutlinger nur einen toten Bürger zu beklagen hatten, war auf der Gegenseite der Blutzoll des Adels allein aus unserer Region gewaltig:[10] Graf Friedrich von Zollern (Schalksburg), Pfalzgraf Ulrich von Tübingen, die Herren von Killer, Jungingen, Lustnau, Bichishausen, Gundelfingen, Hohenstein, Ehestetten, Neidlingen und „Rase von Lichtenstein, Sohn des Hans".

Im Zusammenhang mit diesem Ereignis muss es Jahre später zu „Schmähreden" der betroffenen Lichtensteiner Familie gegenüber den Reutlingern gekommen sein. Schwenger von Lichtenstein und sein Vetter Anselm von Hölnstein (Stetten u. H.) hätten besser daran getan, die Klappe zu halten. Denn die selbstbewussten Reutlinger fühlten sich herausgefordert. Sie eroberten die Burg, zerstörten sie gründlich und gaben sie dem württembergischen Grafen erst wieder als „verfallen Gut und offen Haus und Lehen“ zurück, als man im August 1389 einen Friedensvertrag unterzeichnete.[11]

Offenbar hatte Schwenger von Lichtenstein, dem die Burg eigentlich nicht gehörte, sondern der sie nur zu Lehen hatte, im Eifer des „Gefechts“ vergessen, die Übergabe an die Belagerer mit dem Lehnsherrn abzusprechen. Nach altem Lehensrecht werden alle Veräußerungen des Lehens, welche ohne Willen und Wissen des Lehnsherrn geschehen, mit dem Verlust des anvertrauten Gutes bestraft. So lässt sich erklären, dass die Familie von Lichtenstein ihre Stammburg verwirkt hatte und 1394 Otto von Baldeck zum ersten Vogt des neu gebauten Lichtensteins ernannt wurde.[12]

Um 1394 wurde die Familie Lichtenstein von ihrer Burg für immer verbannt.

Burg 4: Lichtenstein nach dem Reichskrieg

Für einen Menschen des Mittelalters stattliche 77 Jahre hat jenes Burgen-Baumodell des Lichtensteins überdauert, das nach dem Reichskrieg[13] erstellt worden war. Das war die Zeit zwischen der ersten Zerstörung um 1311 und der oben erwähnten erneuten Schleifung durch die Reutlinger 1388. Die Zeit ist nahezu urkundenarm, was die Nennung der Burg oberhalb Honaus betrifft. So taucht lediglich der bereits genannte Schwenger als Bürge beim schickalsvollen Verkauf Gönningens samt der Stöfflerburg an Württemberg im Jahre 1300 auf.

Burg 5: Lichtenstein vor der ersten Zerstörung

Vor dem Jahr 1311, der Nennung im Reichskrieg, findet sich der Lichtenstein als Burg in keiner uns bekannten Urkunde. Obwohl Steine nicht reden können, sind sie doch vielsagend. So gibt es im Fundament[14] des heutigen Schlosses Buckelquader-Steine, die von ihrem Typ her einer bestimmten Steinmetz-Epoche zuzuordnen sind, nämlich der Zeit um 1200. Als kaum beachtetes Beispiel sei die bekannte Neckarfront in Tübingen genannt. Bei Niedrigwasser sind auf dem Mauerabschnitt zwischen der Neckarbrücke und der Stocherkahn-Anlegestelle die in Quadern geschichteten Reihen deutlich zu sehen. Sie stammen aus der Stauferzeit und kommen nach 1250 in dieser Form nicht mehr vor.[15] Scherbenfunde von Gebrauchskeramik am Schlosshang konnten sogar auf die Zeit vor 1150 datiert werden.

Noch älter als der Burgen- ist jedoch der Personenname Lichtenstein. Er ist uns erstmals mit einem Gebhard von Lichtenstein aus dem Jahre 1182 überliefert[16]. Das bedeutet, die Burg, nach der er sich nennt, muss es damals schon gegeben haben. Auf Grund der frühen Nennung wird er sogar der Erbauer (oder dessen Sohn, Enkel) der Ur-Burg gewesen sein. Aber war es auch wirklich die, auf deren Ruinen heute der Symbolturm der Schwäbischen Alb thront?

Burg 6: Der Alte Lichtenstein

„Ungefähr 600 Schritte südlich von dem heutigen Schlosse am Rande der Talschlucht, waren in dem Walde einige Mauertrümmer", schrieb der Schwäbische Merkur[17] im Oktober 1838. „Es fand sich eine gegen den Berg mit doppeltem Graben geschützte mittelalterliche Burg mit römischem Unterbau. Um die Zisterne wurde eine bedeutende Menge unbezweifelt römischer Gefäße in Scherben gefunden, im Graben dagegen Pfeile deutscher Form, darunter einige durch das Anprallen an die Mauer abgestumpft und gebogen. Die Burg scheint durch Feuer vor sehr langer Zeit zerstört worden sein, denn trotz der spärlichen Vege-

Unterm Schnee verdeckt: Das Geheimnis um den „Alten Lichtenstein".

tation auf der Alb deckt jene eine ziemlich dichte Schichte von Pflanzenerde. Aus der Lage sowohl aus der Anlage scheint hervorzugehen, dass hier ein römischer Signalposten gestanden hat.“

Burg 7: Römische Wartburg

Der „Alte Lichtenstein“ ein römischer Wachturm? Fest steht, dass die nach und nach freigelegten Fundamente (nebst Scherben und Waffenteile) mittelalterlich sind und auf einer Fläche von dreißig auf siebzig Meter eine Burg getragen haben. Allerdings gibt es in den Urkunden keinerlei eindeutige Hinweise auf zwei verschiedene Lichtensteiner Burgen oberhalb der Echazquelle. Daraus lässt sich schließen, dass der „Alte“ entweder ein Erweiterungsbau für die sich ständig erweiternde Familie war (womit eine gesonderte Nennung der „Hausanschrift“ nicht notwendig war) oder dass hier die ursprüngliche Burg gestanden hat.

Fraglich, ob hier, auf der nordöstlichsten Felsecke des Lichtensteinmassivs, nur ein repräsentativer Bau der sich vom gemeinen Volke abgehobenen Herrschaft gestanden hat. Werfen wir einen Blick von diesem imposanten Felsklotz in die Tiefe. Dort verläuft ein vermutlich seit der Frühzeit benutzter Albaufstieg. Schon 1263 ist von einer Honauer Steige die Rede (in clivo de Hohenowe)[18].

Dass die Römer über eine Verbindungsstraße ihre obergermanische Neckarline von Kirchentellinsfurt zum von Burladingen nach Gomadingen weiterführenden Alblimes[19] bei Engstingen verbunden haben, war schon für den Römer-Experten Peter Goessler[20] sicher: „Die Ge-

Imposante Erscheinung: Der „Vordere Lichtenstein“ bei Neufra.

wissheit, dass man es bei der Echaztalstraße mit einer römischen Kunststraße zu tun hat, scheint mir gegeben zu sein durch die uralte Kunststeige, die von Honau aus in die Höhe führt ...“ Wo die alte Steige bei der „Schanze“ auf die Albhochfläche kommt und später, die Zwiefalter Alb kreuzend, der Donau zustrebt, wurden in den 1860er-Jahren eine römische Lanze und 1891 römische Münzen (Antonius und Faustina) gefunden.[21]

Diese Funde ergänzen sich mit dem „einwandfreien Stück römischen Ziegels“, der bei den Ausgrabungen[22] in der Ruine des „Alten Lichtensteins“ gemacht wurde. Also durchaus möglich, dass hier im Blickfeld der Kreuzung an der zeitweilig wichtigsten römischen Verbindungsstraße (heute noch als „Hochgesträß“ in Flurnamen überliefert) ein Signalturm, eine Warte, stand. Der römische Militärexperte General von Kallee schrieb: „Von den Steintürmen sind vielfach Überreste gefunden und noch viel mehr sind unentdeckt. Für die Erbauer der Ritterburgen war eine weite Umsicht über das vorliegende Land ... eine Art von Lebensbedingung; die von den Römern ausgewählten Punkte mussten vielfach für den Zweck geeignet scheinen und mancher alte Burgstall mag römische Fundamente decken.“[23]

 Wann der „Vordere Lichtenstein“ erbaut wurde, ist nach wie vor unklar.

Burg 8: Vorderer Lichtenstein

Von der berühmten Honauer Burgenanlage völlig in den Schatten gestellt, steht zwanzig Kilometer südlich ein weiterer „Lichtenstein". Er thront 150 Meter über einem Seitenarm des Fehlatals zwischen Gauselfingen und Neufra: Der „Vordere Lichtenstein", wie er seit alters her im Ort genannt wird, zieht allerdings keine Touristen, sondern höchstens ein paar verirrte Wanderer an. „Dagegen ist unsere Burg an Umfang viel bedeutender gewesen", schrieb schon 1893 der hohenzollerische Heimatforscher Ludwig Egler[24], und verwies zu Recht auf die „starken, von Bäumen und Gestrüpp üppig bewachsenen Mauern." Nur: „Sie ist nicht leicht zu erreichen."

Tatsächlich stoßen wir in der Abgeschiedenheit des 840 Meter hohen „Buo Nack" auf die Überreste „einer stattlichen und wehrhaften Burganlage, die noch vergleichsweise gut erhalten auf unsere Zeit überkommen ist."[25] Beispielsweise beeindruckt noch heute die haushohe Mauer der Hauptburg, die einen dreiecksförmigen Grundriss mit den Seitenlängen von je ca. 35 Metern(!) hat.[26]

Was nun das Alter dieser Burg angeht, sind wir auf die Auswertung von Scherbenfunden angewiesen. Die lassen sich auf Grund der Keramikmuster in die zweite Hälfte des 12. Jahrhunderts einordnen.[27] Diese zeitliche Zuordnung passt aber nicht zu dem Burgentyp dieser Anlage (erhöhter Wohnturm, tiefer liegende großzügige Vorburg), der um das Jahr 1100 in Mode war. Sicher scheint, dass der Verfall der Burg irgendwann in den 1140er-Jahren begann[28].

„Auf uralten Bossenquadern ruhend": Der „Hintere Lichtenstein".

Burg 9: Hinterer Lichtenstein

„Nit einen Armbrustschueß weit von ainander",[29] weiter westwärts finden sich „die Überreste einer zweiten Burg und zwar von einem auf uralten Bossenquadern ruhenden, der Höhe nach gespaltenen Thurmgemäuer". Unter den Bewohnern des mittelalterlichen Niuferon (Neufra) bestand „die Tradition, dass wenn einst ein Mädchen sich verheiraten wollte, dasselbe vor einer Vermählung noch ein halbes Jahr auf die Burg musste, um das Hauswesen (!?) zu erlernen."[30]

Dieser feudale Missbrauch[31] der Untergebenen stammt aus einer Zeit, wo die Burg noch in voller Blüte stand. Das Ende des Hinteren Lichtenstein kam vermutlich zeitgleich mit dem seines vorderen Namensbruders: „Im Jahr 1474 übergab Graf Eberhard der Ältere seinem Landhofmeister Hannsen von Bubenhofen für Willmendingen (das Dorf uff der Alb ob dem Steinlacher Thal gelegen) und für einen Hof zu Erpfingen, den er neulich an sich gebracht hat, der Herrschaft Teil an Neufra und Kettenacker, auch den Burgställen hinder und vorder Lichtenstain."[32]

Wegen dieser letztgenannten Besitzverhältnisse taucht in der Literatur auch oft die irreführende Bezeichnung „Burg Bubenhofen" auf. Die Herren von Bubenhofen hatten eine solche aber bereits zwischen Binsdorf und der Stadt Rosenfeld. Die hätte sich vom Umfang des Hinteren Lichtensteins jedoch eine Scheibe abschneiden können. Burgenforscher Stefan Uhl schreibt: „Schon der Umfang der Trümmer zeigt uns, dass es sich um eine selbständige Burganlage handelte. Der Hof war an drei Seiten von Gebäuden umgeben. Bemerkenswert ist die auf-

In der Abgeschiedenheit eines Nebentals der Fehla steht der „Hintere Lichtenstein".

wändige Gestaltung des Zugangs mit Rampe und Torturm. Die Vorburg nahm Wirtschaftsbauten, Stallungen u.a. auf und vervollständigte so zusammen mit den Vorbefestigungen das durchaus nicht anspruchslose Bauprogramm der Burg."[33]

Die Altersdatierung ist auch beim Hinteren Lichtenstein sehr schwierig. Wie bereits erwähnt, steht urkundlich lediglich der um 1182 genannte Gebhard von Lichtenstein fest. Aus seiner Epoche stammen dann auch einige wenige Keramikscherben, die Maulwürfe am Fuße der Festung wieder ans Tageslicht gebracht haben. Die erste Nennung eines Lichtensteiners, der mit diesen Burgen am Fehlatal in Zusammenhang zu bringen ist, stammt allerdings erst vom Jahr 1332: Ritter Sweniger hat „auf dem Friedhof zu Neufra unter seiner Burg Lichtenstein" eine Nikolauskapelle mit Kaplanei gestiftet.[34]

Burg 10: Die unbekannte „Südburg"

Die Geschichte dieser Bilderbuch-Ruine, die an einem dicht bewaldeten Talhang anderthalb Kilometer nördlich des Vorderen Lichtensteins steht, ist in drei Sätzen gesagt: „Gründung zwischen 1100 und 1150. Bewohnt bis ins 14. Jahrhundert. Name der Burg und des zugehörigen Adels nicht nachweisbar."

Als „Leckstein" oder „Lägstein" ist diese westlich von Gauselfingen stehende Anlage in den Wortschatz eingegangen, obwohl es sicher nicht der Name der Burg war (die Einheimischen nennen sie „Schlössle"). Dazu hat ein nicht genau deutbarer und zu lokalisierender Flurname geführt, der 1544 im Zollerischen Lagerbuch auftaucht. „Leck"[35]

Wie lautete der richtige Name der „Südburg" alias „Lägstein" bei Gauselfingen?

könnte sowohl Turm, Gefängnis oder, vom mittelhochdeutschen „laege", einen ansteigenden Berghang meinen. Lägstein wäre dann nach dem Oberdeutschen Flurnamenbuch der „Fels an der Halde". Damit wären wir nicht allzu weit entfernt von einem „lichten" Fels – einem Lichtenstein.

Die Ruine „Lägstein" steht auf einem Felsklotz hoch über einer Seitenschlucht der Fehla. Die Mauerwand eines drei Stockwerke umfassenden Turms ist der herausragende Rest einer vormals 14 auf 24 Meter großen Anlage.[36] Wer hat das gebaut? Ein bisher nicht bekannter Ortsadel von Gauselfingen?

Nun taucht aber die Gegend um den „Lägstein" als möglicher Besitz[37] bei den Herren von Bubenhofen auf. Die haben, wie bereits geschildert, die Lichtensteiner Doppelburgen 1474 mit weiteren Ländereien erworben. Auch wenn die spezielle Kaufurkunde fehlt, liegt es nahe, dass dieses Grundstückspaket aus der Konkursmasse der Lichtensteiner an der Fehla zusammengestellt war. Das heißt: „Lägstein" war eine Burg der Familie Lichtenstein. Deswegen finden wir auch keine gesonderte Namensbezeichnung. Das macht es heute fast unmöglich, die uns überlieferten Familienangehörigen einer bestimmten Burg zuzuordnen.

Burg 11: Die merkwürdige „Nordburg"

Von den wenigen regionalen Burgen, deren Geschichte von der Forschung bisher schlecht durchleuchtet werden konnten, ist diese die merkwürdigste. In Karten ist sie lediglich als „Burgturm" verzeichnet. Über sie ist nicht das Mindeste bekannt. Weil man aber nun jedem Kind einen Namen geben will, schrieb Michael Walter 1945: „hat sich ein Spaßvogel aus Gauselfingen, dessen Name mir genannt wurde, der Sache bemächtigt und in einer guten Laune die Burg als Hasenfratz bezeichnet. Die Wissenschaft ist auf diesen Scherz hereingefallen; schon lesen wir diesen Namen in einer Reihe von Büchern".[38]

„Hasenfratz" liegt 150 Meter nördlich der „Südburg" auf 835 Metern Höhe eines lang gestreckten Felssporns. Nun kommt das Erstaunliche: Die Burgfläche misst 190 (!) Meter in der Länge und bis zu 45 Meter in der Breite. Im hinteren, um zehn Meter erhöhten Teil quert ein vierzig Meter langer verfüllter Graben mit Steinwall den Sporn. Ob in ihm gemörtelte, also mittelalterliche, oder nur aufgeschichtete, also vorgeschichtliche Mauern stecken, ist noch nicht untersucht worden. Weitere dreißig Meter davor ein zweiter, kleinerer Wall mit Graben.

Eindeutig mittelalterlich sind die Reste zweier Gebäude von je sieben Metern Länge im Geviert, die nur acht Meter voneinander entfernt stehen. Eines der beiden, ein Turm, ist noch einige Meter hoch erhalten. Vom anderen sind noch kniehohe, dünne Mauern erhalten. Selbst Burgenforscher Christoph Bizer ist ratlos: „Rätselhaft ist die riesige

Burgfläche ohne Randbefestigung und Siedlungsspuren.“ Ebenso die „als Wehranlagen widersinnig und gefährlich dicht beieinander stehenden Türme. Auch der Wohnbau auf der Spornspitze, dem die steinernen Wehrbauten in dieser Entfernung keinen Schutz mehr geben konnten, gibt Rätsel auf, wie seine günstigste Lage auf schützend unzulänglichem Fels durch das Fehlen eines Grabens und durch den für Wehrzwecke ungeeigneten Holzbau (Brandpfeile!) völlig entwertet wurde.“[39]

Unbekannte „Nordburg“, im Volksmund „Hasenfratz“ getauft.

Diese von Wanderern kaum aufgesuchte Burganlage kann keine im eigentlichen Sinne gewesen sein. Zunächst scheint dort eine beeindruckende vorgeschichtliche „Fliehburg“ bestanden zu haben, worauf „eine Reihe von Gräbern mit reichem Inhalt aus der keltischen Zeit“ hinweisen, die im Tal entdeckt worden waren.[40] Unverständlicherweise ist diese vorgeschichtliche Höhensiedlung weder im gleichnamigen „Standardwerk“ des Landesdenkmalamtes von 1987 noch im aktuellen Archäologischen Führer des Zollernalbkreises (2003) enthalten.

Auf der Suche nach der ersten Burg Lichtenstein interessieren hier aber die mittelalterlichen Spuren. Die lassen sich durch die Auswertung von Scherbenresten auf die Zeit von 1150 bis 1250 legen. Danach wurde die Burg aus unbekannten Gründen aufgegeben. Die Parallelen zur „Südburg“ lassen als Erbauer der Anlage auch hier ein Glied der Familie der Herren von Lichtenstein vermuten. Dafür gibt es indirekt besitzrechtliche Hinweise, die aber sehr kompliziert darzustellen sind.[41]

Burg 12: Lichtensteiner Wein bei Neidlingen

„Westlich gegen Hepisau, am Fuße des Merkenberges, läuft ein zweiter kleinerer Berg in einem stumpfen Kegel aus, der wie jener eine prächtige Aussicht in das Unterland aufschließt“, so die Kirchheimer Oberamtsbeschreibung[42] von 1842. „Es ist der Lichtenstein, der ein umso freundlicheres Ansehen gewährt, als er bis an den Gipfel mit Weinreben bedeckt ist. Auch hier stand eine Burg. Sie muss aber schon frühe abgebrochen worden sein, da ihrer der Bericht von 1535 nicht mehr gedenkt. Der Lichtensteiner Wein gehört zu den besseren des Bezirks; er ist angenehm und gesucht."

Wir haben also nördlich von Neidlingen/Teck eine weitere Schwesterburg der Familie. Für unsere Suche nach der Ur-Burg scheidet diese jedoch aus. Erst um 1357 wird ein Eberhard von Lichtenstein mit seiner Gemahlin Adelheid von Lichteneck genannt. Scherbenfunde im Hang belegen, dass das Ehepaar die rund acht auf 30 Meter große Anlage kurz zuvor errichten ließ. Der strategisch ungünstige Wohnsitz dürfte bereits in der Mitte des 15. Jahrhunderts wieder aufgegeben worden sein.

Burg 13: Die letzte Burg der Lichtensteiner über Neckarhausen

Dort, wo die Glatt in den Neckar fließt, die Kreise Freudenstadt und Rottweil aufeinander treffen, sich einst Süd- von Nordbaden schied, liegt über dem Weiler Neckarhausen eine weitere Ruine namens Lichtenstein. Auch diese Burg war nicht der erste Lichtenstein. Erst am 20. Dezember 1350 kaufte sich ein Lutz von Lichtenstein mit seinen Söhnen Dietrich und Heinz in den Ort ein.[43] Sie übernahmen eine bereits bestehende Burg und übertrugen ihr ihren Namen. Die hatte wahrscheinlich der Ortsherr Ruotman von Husen vor dem Jahr 1100 gebaut. Der vermögende Adlige war übrigens neben dem Zollerngrafen

Der Lichtenstein über Neckarhausen (hinten). Im Blick ein uralter Übergang ins Glatt-Tal mit der ältesten erhaltenen Holzbrücke des Südwestens von 1257. Sie steht auf der Grenze von Nord- nach Südbaden.

Adalbert Mitbegründer des weltberühmten Klosters von Alpirsbach, dessen Grundsteinlegung 1095 erfolgte.[44]

Der Lichtenstein über dem Neckartal überstand wie viele andere Bauten den Dreißigjährigen Krieg nicht. Seither sind nur noch Gräben und überwachsene Mauerreste übrig. Vor 150 Jahren „soll noch ein gedeckter unterirdischer Raum zu sehen gewesen sein, der nicht mehr zu finden ist."[45]

Für unsere Lichtenstein-Saga ist der Burgstall über dem Neckartal allerdings trotzdem von großer Bedeutung. Dort wohnten nämlich die Kinder der letzten Generation dieser Familie. Durch den Krieg verarmt, verkauften sie 1682 ihren Besitz in Neckarhausen. Die letzte Tochter Franziska ging als Maria Viktoria ins Kloster Feldbach nach Thurgau und starb dort 1731. Ihr Bruder Caspar Anton Joseph von Lichtenstein „zog hinab, um unter des Kaisers Fahnen wider dem Erbfeind der Christen, den Großtürken zu streiten. Er nahm an der Belagerung Osens Teil." Sein Hauptmann, Freiherr von Althen, meldete in die Heimat, dass Anton von Lichtenstein, „Fähnrich im Prinz Neuburgischen Regiment und in seiner Kompanie 1688 an der rothen Ruhr, mit allen Sterbesakramenten wohl versehen, gestorben ist." Begraben wurde er „in Oberungarn, zwei Meilen vor Eslag (Pruskau im Waagtal?). Für Kaiser und Reich opferte der letzte Spross sein Leben."[46]

Die Stammburg

Am Schluss dieser nahezu vollständigen Lichtensteiner Burgenparade (die Burg „Weiler" bei Balingen soll auch mal in ihrem Besitz gewesen sein) bleibt die eingangs gestellte Frage nach der Ur-Burg. Es scheint nicht sicher feststellbar, ob eine der Echaz- oder eine der Fehlatalburgen die erste Stammburg war. Helle, lichte Kalkfelsen gibt es sowohl über Honau als auch zwischen Gauselfingen und Neufra – wenn auch heute vom Wald verdeckt.

Unter den 78 urkundlichen Nachweisen über die Herren von Lichtenstein im eingegrenzten Zeitraum zwischen 1182 und 1380 gibt es einen entscheidenden: Es ist der früheste, nämlich die Nennung eines „Gebhards von Lichtenstain" von 1182. Dieser Gebhard stand im Dienst des Markgrafen Heinrich von Rondsberg (Bayern). Wie kam das zustande? Heinrich hatte um 1160 die Tochter Udilhild eines Gammertinger Grafen geheiratet.[47] Diese Grafschaft umfasste mehrere Orte eines zuvor als Gau oder Huntare bezeichneten Bezirks. In unserem Fall des Burchingagaus. Der genaue Umfang ist jedoch nicht bekannt.

Durch seine Ehe kam der Markgraf auch in den Besitz der Untertanen seiner Frau, ob nun Bauern oder Ortsadlige. Gebhard von Lichtenstein war einer davon. Nun lag aber der Honauer Lichtenstein nicht im Burchingagau, sondern im Pfullichgau! Der grenzte im Norden an

Stand die Burg Lichtenstein im „Pfullichgau" (umfasst das Gebiet der Achalm, links im Bild, bis Honau)? Oder gehörte sie zur uralten Markung des „Burchingagaus" (Honau bis ca. Gammertingen)?

und umfasste vermutlich das ganze Echaztal von der Quelle bis nach Pfullingen und ging später in der Grafschaft Achalm auf. Gebhard war aber Untertan in der Grafschaft Burchingagau, später Grafschaft Gammertingen. Sein Titel „von Lichtenstein" kann sich deshalb nur auf eine Burg beziehen, die in dieser Grafschaft lag. Dies trifft auf das Fehlatal, nicht aber auf das Echaztal zu.

Um ganz genau zu sein, muss allerdings erwähnt werden, dass ungefähr zwischen dem Jahr 1134 und 1180 die Grafen von Gammertingen Teile des Nachbargaus Achalm an sich bringen konnten. Nur: Ob Honau dazu gehörte, steht nicht fest. Selbst wenn es so wäre, gibt es weitere Indizien, die dafür sprechen, dass der Stammvater der Lichtensteiner nicht vom Echaz-, sondern vom Fehlatal kam.

Denn es gehörten außer Gebhard natürlich noch andere Vasallen zur Grafschaft: Unter anderem die Ortsherren von Benzingen, Melchingen und Stetten/Hölnstein. Alle vier Familien haben das gleiche Wappen! Einen weißen Schwanenflügel auf blauem Feld. Das Symbol findet sich noch heute in den Ortswappen der Gemeinden.

Das kann doch aber nichts anderes bedeuten, als dass dieser Familienverband einen gemeinsamen Ursprung hatte, der innerhalb der damaligen Territorialgrenzen lag, und nicht etwa im „Ausland". Ein weiteres Indiz ist die Tatsache, dass Dienstleute der Grafschaft Gammertingen in das von ihnen gemeinsam geförderte Kloster Ottobeuren (bei Memmingen) eintraten: Gebhard von Lichtenstein und Heinrich von Neufra.

Sie werden verwandt gewesen sein – und Nachbarn. Die These: Gebhard stammt aus der Familie der bisher unbekannten Ortsherren von Gauselfingen. Die wollen sich, wie damals allgemein üblich, vom gewöhnlichen Volk im wahrsten Sinne des Wortes abheben. Dazu beziehen sie zunächst eine schon bestehende vorgeschichtliche keltische Höhenburg – die „Nordburg". Sie bauen sie zur hölzernen Übergangsburg aus, denn weiter südlich entsteht um das Jahr 1100 eine stattliche Wohnstätte – die „Südburg“. Eine der beiden Anlagen wird namensgebend für die Familie. Sie nennen sich nach den in der Sonne hell leuchtenden weithin sichtbaren Kalkfelsen: Lichtenstein.

Als 1134 das Echaztal unter Gammertinger Obrigkeit kommt, bietet sich auf dem Honauer Felsen, an der Stelle, wo heute das Schloss ragt, ein höchst attraktiver weiterer „Bauplatz“ an. Von hier aus, an der Schnittstelle der zwei alten Gaue, lässt sich mit einer Burg mehr als deutlich zeigen, dass nun beide Grafschaften vereint sind.

Das sich vergrößernde Geschlecht der Lichtensteiner braucht weitere Burgen. Sowohl im Fehla- wie auch (bei den Onkels?) im Honauer Tal rückt die nächste Generation nach. Der „Vordere“ und der „Alte Lichtenstein“ entstehen um das Jahr 1150; beide hoch über dem jeweiligen Tal in die zweite Reihe gerückt. Schließlich wird eine weitere Generation später, um 1200, auch noch (wortwörtlich) der „Hintere Lichtenstein“ gebaut. Erst hundertfünfzig Jahre später entsteht die Burg bei Neidlingen.

Die mächtige Burg über Stetten unter Hölnstein gehörte zur Verwandtschaft der Lichtensteiner.

Quellen/Anmerkungen:

1 Der Neubau des romantischen Schlosses wurde zwischen 1840 und 1842 vom Nürnberger Architekten Heideloff und dem Reutlinger Bauleiter Rupp bewerkstelligt. 1857 vollendete Baumeister Strohbach die Außenarbeiten. Vgl. Reclams Kunstführer Deutschland, Band 2, Baden-Württemberg, 1971, Seite 338.

2 Herzog Ulrich (gestorben 1550, liegt in der Stiftskirche Tübingen) wurde mitunter auf Grund seiner Verschwendungssucht (siehe Kapitel „Jahrhunderthochzeit" in diesem Buch) 1519 des Landes verwiesen. Der Sage nach soll er sich aber in der Nebelhöhle und auf der Burg Lichtenstein versteckt gehalten haben. Vgl. Prof. Dr. Karl Weller: Württembergische Geschichte. Leipzig 1909, Seite 154.

3 Von 1802 bis 1837 wurde dem Revierförster auf den Ruinen der alten Burg ein Fachwerkhaus erstellt. Die exponierte Lage und der damit verbundene frühe Tourismus führten zum Bau einer zusätzlichen Wirtschaft. Vgl.: Max Bach: Bilder vom alten Lichtenstein. Blätter des Schwäbischen Albvereins, 1903, Seite 187ff. Ein neulich entdecktes Foto vom alten Forsthaus gilt als älteste Fotografie des Landes. Vgl.: Rätsel um ein uraltes Foto. GEA vom 16.6.2004, Seite 21.

4 Wilhelm, seit 1867 der erste Herzog von Urach, starb am 16.7.1869 auf dem Schloss. Er liegt in der Gruft der Schlosskirche Ludwigsburg. Vgl. Wolfgang Schmierer: Wilhelm I. Das Haus Württemberg. Kohlhammer, Stuttgart 1997, Seite 384.

5 Vom Lichtenstein. Blätter des Schwäbischen Albvereins, 1901, Seite 241.

6 Nach Martin Crusius: Schwäbische Chronik, Band 2, Seite 469.

7 „Beschreibung der Burg mit Zugehör" vom 4. April 1552. In: Theodor Schön: Die beiden Lichtenstein. Blätter des Schwäbischen Albvereins, 1985, Seite 43ff.

8 Vermutlich 3,4 Kubikmeter. Es galt das „Maß der ausgespannten Arme".

9 Mehrere Publikationen. Hier zitiert aus: Theodor Schön: Reutlingen im Kampf um seine Selbständigkeit 1370–1388. Vortrag im Reutlinger Altertumsverein am 10.5.1895.

10 86 Herren und Knechte und 44 Pferde verloren die Württemberger. Bei den Reutlingern wurden sechs Knechte verletzt und es starben noch zwölf Söldner, ein Teil allerdings erst später, an ihren Verletzungen. Vgl.: Bossert: Württembergerische Vierteljahreshefte, Band VI, 1883, Seite 90ff.

11 Theodor Schön. Kriegsthaten der Reutlinger Bürger. Reutlinger Geschichtsblätter, 1899, Seite 7.

12 Wie unter 7, Seite 42.

13 Siehe das Kapitel in diesem Buch „Zerstört ward alles, stehen blieb kein Stein".

14 Am Bering der Kernanlage Kalksteinbuckelquader in Ecknähe. Vgl.: Stefan Uhl: Buckelquader an Burgen der Schwäbischen Alb. In: Zeitschrift für Hohenzollerische Geschichte, 1990, Seite 27ff.

15 Viktor Zipperlen: Staufische Buckelquader. Tübinger Blätter, 1972.

16 Württembergisches Urkundenbuch 2, Seite 422.

17 Schwäbischer Merkur vom 13. Oktober 1838, gekürzt.

18 Honau. Aus: Der Landkreis Reutlingen. Thorbecke, Sigmaringen 1997, Seite 924.

19 Ab 80 n. Chr. besetzten die Römer die Schwäbische Alb östlich vom heutigen Albstadt-Lautlingen. Zur Sicherung des Gebiets nach Norden hin wurden Truppen von der Donau auf die Albhochfläche verlagert und für einen kurzen Zeitraum bei Burladingen, Gomadingen und Donnstetten stationiert. Vgl.: Jörg Heiligmann. Der Alblimes. Theiss, Stuttgart, 1990.

20 Peter Goessler: Obergermanisch-rätische Verbindungsstraßen rechts des mittleren Neckar. Aus: Die Römer in Württemberg. Kohlhammer, 1930, Seite 258.

21 Beschreibung des Oberamts Reutlingen, 1893, Band I, Seite 424; Band II, Seite 189.

22 Die Gegenstände befanden sich damals in der Schlosssammlung des Herzogs Wilhelm von Urach. Nägele: Der alte Lichtenstein. Blätter des Schwäbischen Albvereins, 1905, Seite 187ff.

23 Edgar von Kallee: Das rätisch-obergermanische Kriegstheater der Römer. Die Signaltürme. Württembergische Vierteljahreshefte, 1888, Seite 81.

24 Ludwig Egler: Burg Lichtenstein bei Neufra. Blätter des Schwäbischen Albvereins, 1893, Seite 61.

25 Stefan Uhl: Die Burgruine Vorderer Lichtenstein. Zeitschrift für Hohenzollerische Geschichte, 1987. Seite 197.

26 Vgl.: Günther Schmitt. Burgenführer Schwäbische Alb, Band 5 Westalb. Biberacher Verlagsdruckerei, 1993.

27 Christoph Bizer in: Erwin Zillenbiller: Stadtwerdung im Landkreis Sigmaringen,1985, Seite 225ff.

28 Am 2.12.1447 kaufte Herzog Ulrich den „Burgstall". Württembergische Regesten, Urkunden-Nr. 6194-6199.

[29] Undatierte Beschreibung. Vermutlich um 1557. Aus: Schön: Die beiden Lichtenstein. Blätter des Schwäbischen Albvereins, 1895, Seite 52.
[30] Ludwig Egler: Mythologie, Sage und Geschichte der hohenzollernschen Lande. Sigmaringen 1894, Seite 232.
[31] Jürgen Meyer: „Die Leute wie Sklaven behandelt". Aus: Rätsel der Geschichte. Oertel+Spörer, Reutlingen 2003.
[32] Steinhofer: Württembergische Chronik III, Seite 263.
[33] Wie unter 25. Die Burgruine Hinterer Lichtenstein, Seite 202.
[34] Hohenzollerische Heimat, 1958, Notiz Seite 25.
[35] Keinath: Württembergisches Flurnamenbüchlein. Tübingen 1929.
[36] Stefan Uhl: Die Burgruine Leckstein. Zeitschrift für Hohenzollerische Geschichte, 1987, Seite 203.
[37] Krauss: Burgruinen an der Fehla. In: Blätter des Schwäbischen Albvereins, 1933, 1, Seite 10ff.
[38] Walter: Burgen und Bürger von Gauselfingen an der Fehla. Hohenzollerische Blätter, 1945.
[39] Bizer/Götz: Vergessene Burgen der Schwäbischen Alb. DRW-Verlag, Stuttgart 1989, Seite 64.
[40] Wie unter 35.
[41] Stefan Uhl: Die Burgruine „Hasenfratz". Zeitschrift für Hohenzollerische Geschichte, 1987, Seite 214.
[42] Zitiert aus: Günter Schmitt. Burgenführer Schwäbische Alb, Band 4, Alb Mitte–Nord. Biberacher Verlagsdruckerei 1991, Seite 71.
[43] Krauss: Burgställe und Schlösser in und um Hohenzollern. Hohenzollerische Heimat 3/1977, Seite 8.
[44] Mettler: Kloster Alpirsbach. Faltbroschüre der ev. Kirchengemeinde.
[45] Zingeler/Laur: Die Bau- und Kunstdenkmäler in den Hohenzollernschen Landen, 1896, Seite 104.
[46] Schön: Aus Neckhausens Vergangenheit. Mittheilungen des Vereins für Geschichte und Alterthumskunde in Hohenzollern. Sigmaringen 1897, Seite 130ff.
[47] Württembergisches Urkundenbuch 2, 421–23.

Die Fälscher von der Alb

Lange Suche nach der kurzlebigen Burg Haideck

Viele hundert Jahre lang lag sie im Dornröschenschlaf. Vom Wald überwuchert, von der Bevölkerung vergessen, für die Forschung unauffindbar: Burg Haideck. Das letzte „Lebenszeichen“[1] war die Vermeldung ihrer Zerstörung im Jahre 1311: „Heydeck eversa manet in cineremque reversa“ – Das zerstörte Heydeck bleibt in Asche liegen, und blieb es bis heute.

Jahrhundertelang unauffindbar: Burg Haideck.

Mittlerweile ist sicher[2]: Die in den Urkunden erwähnte Anlage stand bei Trochtelfingen. Rund 2,5 Kilometer nördlich der Stadt, auf einem Hügel in 768 Meter Höhe, östlich der Bundesstraße 313, liegen die vom Wald überwachsenen Reste der mittelalterlichen Anlage. Viel Substanz ist nach 700 Jahren nicht mehr übrig. Dennoch sind die deutlichen Spuren von ringförmigen doppelten Gräben und Wällen, vor allem in der vegetationsarmen Zeit, nicht zu übersehen. Die ovale Kuppe trug einen Turm. Rund zehn Meter tiefer gelegen, muss ein Gebäude aus Bruchsteinmauerwerk gestanden haben. Vielleicht auch ein Turm, durch dessen Trümmer der darunter liegende Graben verschüttet wurde.

Burgenforscher[3] fanden nur wenige Meter unterhalb des Gipfels eine verebnete Fläche, auf der ein Haus stand, vielleicht Kellermulden lagen und eine Zisterne eingegraben war. Auf dem darunter liegenden

Geländeabsatz erstreckt sich eine ausgedehnte Fläche als weiterer Teil der Burganlage. Auffallend sind das Fehlen von Gebäudefundamenten und eines Grabens.

Über ein Jahrhundert lang war nach der Burg Haideck gesucht worden. Auf jedem erdenkbaren Hügel wollte die Forschung ihren Standort hin verlegt haben. Das württembergische Urkundenbuch[4] vermutete sie als abgegangenen Teil der Haidkapelle. Die wurde aber erst 1470 erbaut. Pfullingens Heimatbuchverfasser Kinkelin suchte sie in der Nähe des Lichtensteins, andere zwischen Ödenwaldstetten und Engstingen[5]. Dabei hätte man doch allein schon vom Namen fündig werden müssen: „Haideck“ – Gelegen an der südlichen Ecke der Haid, die sich als waldloses Gebiet vom Tierental nördlich von Trochtelfingen bis zum gleichnamigen Weiler hart an die Großengstinger Markungsgrenze zieht.

Erbaut nach 1100, zerstört 1311, heute vom Wald überwuchert.

Das Aufspüren der richtigen Burgstelle kam sozusagen zufällig im Zuge von kriminalistischen Ermittlungen zustande. Der Tübinger Geschichtsforscher Dr. Hans Jänichen[6] war bei der Suche nach Urkundenfälschern im Kloster Reichenau auf zwei Äbte gestoßen, die sich Fridelo und Ulrich von Haideck nannten. Die Brüder lebten bis zu ihrem Tod 1159 bzw. 1174 auf der Bodenseeinsel.

Bislang ordnete die Klostergeschichte die beiden frommen Schwindler dem aargauischen Heidegg zu. Dabei wurde übersehen, dass dort nur drittklassige Adlige, also niederadlige Dienstleute saßen (die aber mit den Älblern verwandt waren). In Reichenau durften seinerzeit jedoch nur hochadlige Herren in das Kloster eintreten.[7]

Als mit dem berühmtesten Urkundenfälscher des Klosters, Ulrich von Dapfen (Abt von 1098 bis 1123), ein edelfreier Mann eindeutig dem Lautertal zugeordnet werden konnte, war schnell eine verwandtschaftliche Verbindung mit den Herren von Haideck gefunden. Ihr Grundwappen: schwarzer Eisenhut in gelbem Schild.

Deren Geschichte ist schnell erzählt, sie umfasst nur vier Generationen und ebenso wenige Urkunden. Die Burg war möglicherweise von den Eltern der 1139 bzw. 1151 ins Kloster eingetretenen Fälscherbrüder errichtet worden. Dafür spricht die Auswertung von gefundenen Scherben[8]. Ein weiterer Bruder der Äbte, Gerold, wird mit seinen Söhnen 1161 erwähnt, als es um Abgabeleistungen des Dorfes Bernloch geht. Gerolds Sohn „Werner de Heidegge“ und sein Cousin „Gerold II., Ritter und Freier von Heidegge“ erhalten um 1195 eine Rentenzahlung aus einem Hof in Baufnang (Überlingen).[9] Schließlich lenkt

„Heinrich von Haidegge" 1240 einen abermaligen Streit um Bernloch in geordnete Bahnen.[10] Er scheint um 1262 in die Schweiz ausgewandert zu sein, wo bereits 1185 eine Burg der Familie Heidegg nahe Hitzkirch bestand.[11]

Familienname „Heidecker" – illegitime Nachfahren?

Als weiterer Älbler tauchte um das Jahr 1192 ein „Hademar von Heideck" bei Nürnberg auf und baute dort auf einem der Fränkischen Alb vorgelagerten Berg eine Burg. Seine Nachkommen errichteten eine Herrschaft, die 1288 mit der Gründung der „novo civitas", der (bis heute fast unveränderten) Stadtanlage von Heideck (Landkreis Roth) gipfelte. Die im 14. Jahrhundert bis in höchste Kreise aufgestiegenen Herren von Heideck verloren rasch an Bedeutung.[12]

Länger hielt sich ein weiterer Ableger der Trochtelfinger in der Steiermark: Die „Hayd von Haydegg" mit einer Burg Weyer bei Graz, starben 1822 aus.[13] Zweifelsohne ist das vornehme Geschlecht von der Haid nicht gänzlich verschwunden. Der Name Heidecker findet sich insbesondere im Raum Reutlingen – Münsingen – Blaubeuren – Ulm recht häufig im Telefonbuch. Dass es sich hierbei um illegitime Nachkommen der Adeligen handelt, ist anzunehmen.

Quellen/Anmerkungen:

1 Vgl. Kapitel über den Reichskrieg in diesem Buch.
2 1967 lokalisierte der hohenzollerische Heimatforscher Johann Adam Kraus die zuletzt 1910 in Albvereinskarten als „Hintere Burg" eingetragene Stelle; 1904 war der Bergfried noch ersichtlich. Vgl.: Blätter des Schwäbischen Albvereins, 1967, Nr. 73
3 Christoph Bizer und Rolf Götz: Vergessene Burgen der Schwäbischen Alb, 1989.
4 Nach Sebastian Locher: Württembergisches Urkundenbuch 4, 482, und 2, 138.
5 Johann Adam Kraus: Burg Haideck bei Trochtelfingen. Hohenzollerische Heimat, 1967, II, Seite 20.
6 Jänichen: Zur Herkunft der Reichenauer Fälscher des 12. Jahrhunderts. In: Die Abtei Reichenau. Neue Beiträge zur Geschichte und Kultur des Inselklosters. Sigmaringen 1974, Seite 277ff.
7 Ludwig Baumann/Konrad Bayerle: Kultur der Reichenau, 1925, I 562, II 1242.
8 Günther Schmitt: Burgenführer Schwäbische Alb, Band 5 Westalb. Biberacher Verlagsdruckerei, 1992.
9 Zeitschrift für Geschichte des Oberrheins, 29, 1877, Seite 33ff.
10 Zeitschrift für Geschichte des Oberrheins, 42, 1888, Seite 369.
11 Knobloch: Oberbadisches Geschlechterbuch, II, Seite 15.
12 Dr. Dieter Deeg: Heideck, Stadt und Landschaft. Nürnberg 1971.
13 Kraus: Trochtelfinger Heidegg. Hohenzollerische Heimat, 1988, Nr. 2, Seite 32.

Die Wächterinnen von Burg Ror

Von der Mythologie der „weißen Frauen"

„Ein Mann aus Steinhofen hat auf dem Schlösslesberg Besenreis holen wollen; da habe er die Haselstauden mit Nüssen behangen gefunden. Einige, die er gepflückt und eingesteckt, seien nach seiner Rückkehr nach Hause in eitles Gold verwandelt worden. Ein noch im Schlosse verborgener Schatz sonnt sich alle sieben Jahre, wobei sich zwei weiße Fräulein zeigen."

Diese merkwürdige Angelegenheit, vom zollerischen Heimatkundler Ludwig Egler 1894 auf Papier verewigt[1], soll sich in den Ruinen der Burg Ror, tief im Wald hinter Bisingen, zutragen. „Mit solchen Sagen könnte ich Bogen füllen", vermerkte Jacob Grimm[2]. Denn von diesen eigentümlichen „weißen Frauen" erzählen auch nahezu ähnliche alte Sagen in Balingen, Tieringen, Walddorf, Pfullingen und Rottenburg. Und sicher in noch mehr Orten. Doch haben sie in der Märchensammlung der heutigen Generation leider keinen Platz mehr.

Wenden wir uns der Ruine Ror zu. Denn sie liegt seit der Zerstörung von 1311 durch Reutlinger Soldaten[3] so abseits und verborgen, dass der dort vergrabene Schatz so gut wie sicher ist. Was ihre Wächterinnen, die geisterhaften Frauen, anbelangt, so handelt es sich nicht um umherspukende Untote. Vielmehr sind es dem germanischen oder gar keltischen Glauben nachhallende Elbinnen oder Feen. In der Gedankenwelt des Mittelalters hatten sie ihre Aufgabe darin, den Menschen ihr Schicksal (ihren persönlichen „Schatz") zu verkünden. Das zeitlich unbestimmte, manchmal auch urplötzliche Auftreten unterstreicht dies. Ihr weißes Äußeres steht für die Weissagung[4].

Was sind das für merkwürdige „weiße Frauen", die in verfallenen Schlössern (wie hier in der Burgruine Ror) ihr Unwesen treiben?

Dass es ausgerechnet zwei Damen sind, liegt daran, weil das Schicksal einerseits mit Verwünschung und andererseits mit Erlösung zu tun hat. Für Derartiges gibt es natürlich Zuständigkeiten. Zunächst die Frau Holda, vermutlich in Gestalt der jüdischen Prophetin Hulda aus dem Alten Testament. Sie hat als Frau Holle in die Märchenwelt Einzug gefunden. Ihr himmlisches, mütterliches, die Erde umspannendes Wesen zeigt sich deutlich, wenn sie ihr Bett macht (dann schneit es). Den Menschen ist sie hilfreich gesonnen. Sie zürnt nur dann, wenn der

„Haushalt“ nicht stimmt. Dann wird sie unholde (mittelhochdeutsch) im Sinne von bösartig.[5] In Obernheim (Zollernalb) gibt es eine Fasnetsfigur der „Hexe Unholda Moserin“ (vom Familienname Moser).

Die zweite Dame ist Frau Berchta (von perath, berth, meint glänzend, weiß). Sie hat ihren Platz in der Welt des Übersinnlichen bis in unsere Tage nicht behaupten können. Als hausmütterlich gedachte Aufsicht über die Spinnstuben war sie unseren Großeltern sicherlich noch ein Begriff. Im Kirchenkalender findet sich Frau Berchta am Tag der Erscheinung Christi (Bethphania) wieder. Mittelalterliche Urkunden nannten ihn den „Perchtentag“ oder die „Perthennacht“.[6]

Frau Holle und Frau Berchta

Der „Schatz sonnt sich“, soll im Sinne von „manchmal lacht das Glück“ verstanden werden. Um ihn zu heben, also eine positive Wendung im persönlichen Schicksal herbeizuführen, musste man auf die „weißen Frauen“ achten. Es waren dann meistens die einfachen Leute, denen das Glück beschieden war – zumindest in der Wunschvorstellung.

Sieben Jahre stehen für die tiefere Bedeutung der Zahl: Es gab sieben Gaben des Heiligen Geistes, sieben Tugenden, sieben Sakramente oder sieben Bitten im Vaterunser.

Die sich in Gold verwandelnden Nüsse sind im übertragenen Sinn zu sehen. Nur aus einem wilden Haselnussstrauch kann man bekanntlich eine Wünschelrute brechen und, wenn es das Schicksal will, einen Schatz finden. Dann wurde sie zur goldenen „Glückstäblin“.[7]

Quellen/Anmerkungen:

1 Ludwig Egler: Mythologie, Sage und Geschichte der Hohenzollernschen Lande. Sigmaringen, 1894, Seite 220.
2 Märchenforscher Jacob Grimm in: Weiße Frauen, Kapitel XXXII. In: Deutsche Mythologie, 1835, Seite 807.
3 Vgl. das Kapitel über den Städtekrieg in diesem Buch.
4 Wie unter 2, Kapitel XVI, Norni, Seite 345.
5 Wie unter 2, Kapitel XIII, Holda, Seite 221.
6 Wie unter 2, Kapitel XIII, Peratha, Seite 233: „zi Demo perahtin taga, zi deru Perahtun naht.“
7 Wie unter 2, Kapitel XXXII, Wünschelruthe, Seite 815.

Namenlos und fast vergessen

Wo standen die Burgen der Herren von Tierberg?

„Schon in früheren Jahren hatte ich auf der Südseite des Heersberges nach ehemaligen Burgen vergeblich gefahndet", teilte 1913 ein Wanderer dem Schwäbischen Albverein[1] mit. „Nunmehr im Besitz der genauen Kurvenkarte hoffte ich ihrer habhaft zu werden; aber Ruinen fand ich keine."

Der Heersberg ist die bis zu 964 m hohe Berginsel, die sich oberhalb von Margrethausen über Lautlingen bis hinunter nach Laufen zieht. „Am ganzen Berg hin, zu der man von der Bergkante ziemlich steil absteigt, sieht man verwachsene Beulen starker Bergschübe und Felsenstürze, die aussehen wie von Menschenhand geformt. Auch jenseits der Eyach ist der Tierberg (bei Lautlingen) ein Beweis, dass man sich auch auf dem knappsten Raume noch eine Burganlage muss denken können; denn wir haben keinen Grund, das Vorhandensein einer solchen zu bezweifeln. Und doch ist der Raum dort mehr als beschränkt. Wir wären also dankbar, wenn wir von Ortskundigen mehr erfahren könnten. Lässt sich nicht Geschichtliches über sie finden, so wären sie aus dem Burgenverzeichnis zu streichen."

Von Streichen kann gar keine Rede sein; auch wenn sie bis heute nicht ausgeschildert sind! Im Gegenteil: Rund um Lautlingen sind mittlerweile sechs Ruinen entdeckt worden. Sie waren größtenteils im Besitz der Herren von Tierberg. Ihre Stammburg zu bestimmen ist nicht einfach. Denn in Urkunden werden nur die drei Burgen Altentierberg, Wildentierberg und Neuentierberg genannt.

Um den Zwecke so vieler Burgen verstehen zu können, bedarf es einer genaueren Betrachtung dieses nicht unbedeutenden Rittergeschlechts. Ein Bild der Vergangenheit aus dem Urkundenpuzzle zu erstellen, hat der Heimatforscher Jens-Florian Ebert aus Lautlingen versucht:[2]

Herrschaftssitz an der Wasserscheide Rhein/Donau

Den Albstädter Teilort hat vermutlich jeder schon einmal passiert. Die überregional wichtige Bundesstraße 463 setzt eine schon vorgeschichtliche Wegführung fort.[3] Schließlich gründeten im Umfeld eines ehemals strategisch bedeutsamen römischen Kastells die Alamannen die Siedlung „Lutilinga" auf der Wasserscheide von Rhein und Donau. Ihre Sippenführer werden Ortsherren.

Aus diesen gehen freie Ritter („liberi milites") hervor, deren erstes Auftauchen um 1094 mit „Erbo und Gerunc de Lutelingen" belegbar ist.[4] Dass diese Edelfreien einen repräsentativen, ja geradezu kühnen Herrschaftssitz gehabt haben, lässt sich aus wenigen Scherben- und Mörtelfunden ableiten. Die wurden aber nicht in der Talnähe des Dorfes (679 m) gefunden, sondern auf dem höchsten Punkt der umgebenden Albhänge: auf dem „Oberen Berg" im Südwesten (über 900 m).

Kühne Höhenburg am Vogelfels

„Vogelfels" heißt der schmale Grat, der waagrecht aus dem Steilhang über dem gähnenden Abgrund des „Langen Tals" thront. Auf diesem nicht mal vier Meter engen Sattel stand ein Gebäude, in dem sich nur äußerst schwindelfreie Personen aufhalten konnten. Vermutlich war es kein Wohnhaus. Diesen Bau trennten Wälle und Gräben von der auf dem Berg liegenden Burgfläche, die zwar zehn Meter lang, aber auch nur vier Meter breit ist. Auf ihr stand, hart am Abhang, ein turmähnliches Gebäude.[5] Merkwürdigerweise ist dieser beeindruckende Platz dem Dorf abgewandt. Er liegt heute noch so versteckt, dass man ihn (mangels Wegbezeichnungen) lange suchen muss. Die atemberaubende Lage entschädigt aber jede Mühe.

Siebzig Meter höher als die Spitze der Salmendinger Kapelle: Die Lage der Burgruine Tierberg.

„Überraschenderweise haben wir damit auf dem Vogelfelsen eine Burg vor uns, die etwa gleichzeitig mit den frühesten schriftlich genannten Höhenburgen der Schwäbischen Alb entstanden sein muss“, meint die Burgenforschung[6]. „Deshalb können wir bei ihren Inhabern ebenfalls einen hohen ständischen Rang voraussetzen.“ Die Anlage ist irgendwann im 12. Jahrhundert aufgegeben worden.

Eine der ältesten und atemberaubendsten Ruinen der Schwäbischen Alb steht – kaum bekannt – auf dem „Vogelfels“ zwischen Lautlingen und Hossingen.

Burg auf dem Tierberg

Vermutlich deswegen, weil zur gleichen Zeit, so nach 1150 (Keramikfunde), eine neue, zweite Burg auf dem gleichen Berg errichtet wurde. Dieses Mal auf der nach Lautlingen zugewandten Seite, einer tafelähnlichen Fläche – dem „Tierberg“. Einer Überlieferung folgend, da keine sichtbaren Ruinen mehr feststellbar waren, unternahm 1927 der Kirchenmaler Konrad Albert Koch auf der bewaldeten Fläche erste Ausgrabungen[7]: „Dass gerade immer an der Stelle, wo ich eine Gebäudeecke vermutete, eine kräftige Buche stand“, machte die Erforschung nicht einfach: „Solche Baumwurzeln zersprengen alle Mauern, wenn auch langsam, so doch sicher.“ Nach Kochs Rekonstruktion ergibt sich eine turmlose kleine Anlage mit nur bescheidenem Wohnraum. Dazu gehörte auch ein Wirtschaftshof mit einer Fläche von 430 Morgen[8]. In der um 1400 aus nicht geklärten Gründen abgegangenen Burg befand sich eine Kapelle zum heiligen Ulrich, die 1337 in einem Ablassbrief von Avignon[9] erwähnt wird und noch 1628 renoviert wurde, bald aber auch verfallen sein dürfte.

Über die Nennung der Kapelle ist der Name der Burg zuordenbar – Altentierberg. Ein Hugo von Tierberg, wohl Nachfolger der Lautlinger Ortsherren, taucht als Erster des Geschlechts um 1216 auf. Er und seine Nachfolger führten im Wappen eine auf drei Bergspitzen stehende Hirschkuh – das spätere Ortswappen.

Ihre dritte Burg platzierten die Tierberger auf den „Ochsenberg" über dem Tal der Eyach.

Burg Wildentierberg

Die in Folge sehr zahlreich auftretenden Tierberger zu unterscheiden ist unmöglich, zumal sich die Originalität der Vornamen mit Hans, Heinrich und Konrad (allein 18-mal) bescheiden ausmacht. Ihre rasche Vermehrung brachte recht bald den Bau einer weiteren Burg mit sich. Die entstand auf der höchsten Erhebung des nordöstlich von Lautlingen liegenden „Ochsenberges" (953 m). Die wenige Lesefunde reichen für eine genaue Datierung der Anlage nicht aus. Sie ist aber sicher erheblich älter als die erste urkundliche Nennung. Die ist uns von 1311 überliefert, als plötzlich von den Herren „von Tierberg von der Wildentierberg" einerseits und „von Tierberg von der Altentierberg" die Rede ist.

Die dritte Burg hieß also „Wildentierberg". Wie die Ausgrabungen[10] Kochs von 1931 zeigen, war sie geräumiger als die jetzt zur Unterscheidung „Altentierberg" genannte zweite Burg. Nicht weit entfernt entstand auf dem ebenen Hochplateau gleichfalls ein Wirtschaftshof mit einer Fläche von 490 Morgen[11]. Während der heute als beliebtes Ausflugslokal die Zeiten überdauert hat, scheint die Burg das 14. Jahrhundert – warum auch immer – nicht überlebt zu haben.

Neuentierberg

Eine vierte, namenlose Burg entstand archäologisch belegbar kurz vor 1400. Wenn es eine Tierberger Burg war, ist es die größte ihrer Anlagen. Sie lag, was die Familienzugehörigkeit wahrscheinlich macht, Lautlingen am nächsten, auf 854 m nordwestlich unterhalb des „Heersberges“ im Waldhang. Uns ist von 1362 zwar ein „Burkhard von der Neuen Tierberg“ bekannt. Aber wo diese Burg, nach der er sich nennt, gestanden hat, bleibt rätselhaft. Sie kann eigentlich mit der Anlage am Abhang des „Heersberges“ nichts zu tun haben, da diese damals noch gar nicht gebaut worden war.

Beim „Heubelstein“ über Margrethausen stand eine weitere unbekannte Burg.

Dort sind heute noch spärliche Reste erkennbar. Nach Kochs Rekonstruktion handelte es sich um einen großen Steinbau, der wahrscheinlich mit einem Bergfried ausgestattet war. Er stand dereinst am Steilhang auf einem felsigen Sporn, der von einem zehn Meter tiefen Graben von der Hangterrasse abgeschnitten wird. Ein Felskopf ragt noch 15 Meter über das Gelände, darauf dürfte ein Turm gestanden haben. Dahinter standen eine obere und eine untere Burg. Erstere hatte die Abmessung von 13×16 Meter. Die zweite lässt sich nicht mehr nachvollziehen; nur eine Mulde weist auf einen möglichen Keller. Schließlich

Tief im Waldhang des „Heersberges" liegt die namenlose vierte Burg der Tierberger.

gibt es Anzeichen für eine Vorburg und einen Wirtschaftshof. Die aber, in Holzbauweise errichtet, ebenfalls keine vernünftige Rekonstruktion mehr zulassen.[12]

Ruine am Heubelstein

Eine weitere namenlose Ruine gibt ebenfalls Rätsel auf: Einen Steinwurf vom „Wildentierberg" in nördlicher Richtung entfernt liegt unterhalb der Felsengruppe des „Heubelsteins" ein Ort, der den Namen „Altes Schlössle" trägt: „Der im Hang nur zur geringen Höhe aufsteigende Burgfelsen wird bergseitig durch einen breiten, mäßig tiefen Graben frei gestellt und fällt talseitig in einem felsigen Hang steil ab. Die von einer Felsspalte zweigeteilte Burgfläche bot nur Platz für eine kleine Anlage."[13]

Alles andere liegt mehr oder weniger im Dunkeln. Die gefundenen Scherben lassen einen Bau der Burg vor dem Jahr 1200 wahrscheinlich machen, deren Ende vielleicht nach zwei Generationen annehmen. Könnte es sich dabei auch um eine Tierberger Burg handeln? Eher nicht, denn wie Heimatforscher Ebert belegt, lag das „Alte Schlössle" auf der Nachbarmarkung von Hausen (1275 „Husen Margarete", 1361 „Margretenhusen"). Als Ortsherren von Margrethausen treten die Tierberger jedoch erst zu einem Zeitpunkt auf, als die Burg schon aufgegeben worden war – zu Anfang des 14. Jahrhunderts.

Kloster Margrethausen

Als neue Besitzer belebte die Tierberger Ritterfamilie eine kleine Franziskanerinnenklause (später Kloster) in Hausen, deren Gründung „nur schattenhaft sichtbar wird". Sie geht aber vermutlich bis ins 11. Jahrhundert auf eine Reihe von Personen zurück, die im Kreise der Habsburger zu suchen sind.[14] Die landläufige Aussage, die „Klause zu Sant Margrethen Husen" sei erst 1338 von den Tierbergern gestiftet worden, ist also nicht richtig; es war eine Neugründung, die bald boomte. Das

Zog vermögende Frauen aus der ganzen Region an: Das Franziskanerinnenkloster „Sant Margrethen Husen".

lag daran, dass sie in die Zeit des aufstrebenden Bürgertums fiel. So ist es nicht verwunderlich, dass unter den ersten Klausnerinnen Frauen aus den Städten Reutlingen, Munderkingen, Veringen und Hechingen anzutreffen sind.

Um auf die Burg am Heubelstein zurückzukommen: Unter den klösterlichen Neustiftern finden sich auch die mithin letzten Angehörigen eines eigenen Ortsadels von Hausen. Vielleicht hatten ihre Vorfahren die Burg gebaut, ehe sie von den Tierbergern verdrängt, beerbt oder durch „feindliche Übernahme" (Heirat) ausgebootet wurden.

Namenlose Burg am Heersberg

Bleibt noch eine weitere Ruine am Heersberg: „Zur ehemaligen Burg führt vom Heersberg unfern des prächtigen Felsenecks (919,2 m) ein Bergweg. Unterhalb dieses Felsenecks befindet sich eine jener durch Sackung, Absturz und Wiederauffüllung entstandenen Terrassen mit talseitiger Erhöhung, wie wir sie an Felsentraufen so oft haben. Der Zugang vom Bergweg her, ganz ordentlich breit, die talseitige Anschwellung mit kräftiger Felsenunterlage, durch die sich leicht Burggräben ziehen ließen: Alles wie geschaffen zu einer Burganlage. Steintrümmer genug, aber von Mauerresten keine Spur."[15]

Noch eine mysteriöse Ruine: der Burgstall oberhalb von Laufen.

Genauso spurlos verläuft die Suche nach Anhaltspunkten in der Geschichte. Es gibt keine einzige Urkunde. Allerdings lässt die Lage der Ruine den Rückschluss zu, dass es sich am ehesten um den Sitz von unbekannten Ortsherren des Nachbarorts Laufen handeln könnte, obwohl diese eigentlich in einer ehemaligen Wasserburg (1751: „neben dem Steinhaus“) an der Eyach gewohnt haben müssten. Vielleicht war es aber auch eine alte Zollstation, zumal die Straße Balingen – Ebingen hier den Fluss überquerte.[16] Während die zwei Kilometer westlich entfernt liegende Schalksburg (erbaut um 1100) die Wanderer in Scharen anlockt, bleibt die Höhenburg östlich von Laufen so gut wie vergessen im Wald „links liegen“.

Schloss Lautlingen

Lediglich eine Burg der Tierberger erfreut sich nach wie vor größter Aufmerksamkeit: Es ist die (modernisierte) Ortsburg in Lautlingen. Wann jedoch der ursprüngliche Bau errichtet wurde, ist nicht bekannt. Erst 1518 stoßen wir in einer Urkunde darauf, in der es heißt, „dass er (Hans Konrad von Tierberg) beim Schloss Lautlingen … kein Hochgericht habe … der Kaiser (Maximilian) erlaubt ihm den Bann, dortselbst das Blut zu richten.“ Umbaumaßnahmen sind von 1623 überliefert, als das bewehrte Schloss mit Mauern, Wallgraben und vier Ecktürmen zum Wohnsitz ausgebaut wurde. Um 1848 folgten der Abbruch des bisherigen Schlosses und die Errichtung des Neubaus. Ummauerung, Eck-

Zuletzt Sitz der berühmten Grafen von Stauffenberg: Schloss Lautlingen.

türme, Jägerhaus und Scheune blieben jedoch erhalten.[17] Heute ist darin eine musikhistorische Sammlung untergebracht.[18]

Mit dem Ritterorden gegen die Heiden

So wie alle übrigen Burgen verfallen sind, überdauerte auch das Geschlecht der Tierberger die Zeiten nicht. Die Blütezeit der Tierberger fällt ins 13. und 14. Jahrhundert: 1255 verlieh Graf Friedrich von Zollern seinem „dilectus et specialis amicus" (geliebten und besonderen Freund) Konrad die Kirche zu Balingen. Zeitgleich stand Wolfrad von Tieringen dem Kloster Beuron als Probst vor und mehrte den Besitz des Augustinerchorherrenstifts. Sein Bruder war Rektor vom (Maria) Berg bei Gammertingen. Ein Konrad war 1266 als Ordensbruder in den Deutschen Ritterorden eingetreten. Er verteidigte das polnische Masowien gegen die heidnischen Pruzzen und half bei der Eroberung des Landes. Mit weiteren Schwaben tat er sich im Kampf gegen die litauischen Stämme hervor, leitete das Heer und genoss als höchster Würdenträger, als Landmeister, größtes Ansehen. Ein weiterer Konrad war ab 1288 Marschall des Deutschen Ordens. Er ordnete die Wiederbevölkerung der von seinen Bewohnern verlassenen Landesteile mit deutschen Ansiedlern an. Die Preußen, die sich unterworfen hatten, führte er an den Ackerbau heran und förderte die Gründung von Städten. Vermutlich ist das im ostpreußischen Kreis Osterode gelegene Dorf Tierberg nach den beiden berühmten Eyachtalern benannt worden.

Verbirgt zwei Burgruinen im bewaldeten Hang: der „Heersberg" zwischen Laufen und Lautlingen.

1311 zweigte sich eine Linie ab und nennt sich nach Haiterbach, 1330 saß eine weitere Familie auf der Warmburg zu Villingen. In der bedeutenden Stadt stellten die Tierberger um 1419 sogar den Bürgermeister.

Ein Kleinstaat wird zusammengekauft

Die Ritter kauften sich eine kleine Herrschaft zusammen. Ihnen gehörten die Dörfer Tieringen (von 1358 bis 1418), Hossingen, Meßstetten, Frohnstetten und Winzeln, sowie Dürrwangen und Nusplingen; 1382 konnten sie in Ebingen den Kirchensatz erwerben, ferner Besitz anhäufen in Zillhausen, Dürrwangen, Engstlatt, Truchtelfingen, Sontheim, Zepfenhan und Denkingen.[19] Wir sehen die Tierberger auch als Geistliche in Metzingen, Balingen und Aggenhausen. Seit dem Ende des 15. Jahrhunderts sind die Tierberger im Gefolge der Grafen von Württemberg. Einen Hans-Konrad finden wir 1519 zusammen mit seinem Bruder unter der Besatzung des belagerten Tübinger Schlosses, als dieses erfolgreich vom gegen Württemberg kämpfenden Schwäbischen Bund angegangen wurde.

Mit dem Tod von Hans-Konrad von Wildentierberg, vielleicht um 1545, endete die Herrschaft der weit verzweigten Familie. Lautlingen, Margrethausen und die Burgen erbte der Schwiegersohn Ulrich Diethegen von Westerstetten. Nach deren Aussterben im Dreißigjährigen Krieg ging der Besitz an die Schenken von Stauffenberg[20] bis zur Übernahme durch Württemberg 1805.

Quellen/Anmerkungen:

[1] Der Heersberg bei Burgfelden. Aus: Blätter des Schwäbischen Albvereins, 1913, Nr. 1, Seite 5ff.
[2] Jens-Florian Ebert: Lautlingens altes Rittergeschlecht – Die Herren von Tierberg. In: Heimatkundliche Blätter Balingen, 2003, Ausgabe 4 und 5.
[3] Hertlein/Goeßler: Alb und Limes. In: Die Straßen und Wehranlagen des römischen Württemberg. Stuttgart 1930, Seite 213.
[4] Der Landkreis Balingen. Kreisbeschreibung Band 2, 1961, Seite 471.
[5] Schmitt: Burgenführer Schwäbische Alb, Band 5 Westalb. Biberacher Verlagsdruckerei 1992, Seite 299.
[6] Bitzer/Götz: Vergessene Burgen der Schwäbischen Alb. DRW-Verlag, 1989, S. 78.
[7] Koch: Burg Alten-Tierberg. In: Blätter des Schwäbischen Albvereins, 1928, S. 167.
[8] Die Markung wurde erst im 20. Jahrhundert mit der von Lautlingen vereinigt. Um 1880 waren das 75 Morgen Äcker, 27 Morgen Wiesen, 245 Morgen Weide und 81 Morgen Wald. Ein württembergischer Morgen waren 31,5 Ar. Wie unter 4, Seite 479.
[9] Von 1309 bis 1376 saßen die Päpste im südfranzösischen Exil in Avignon.
[10] Koch: Burg Wildentierberg. In: Blätter des Schwäbischen Albvereins, 1931, Nr. 1.
[11] Burg Wildentierberg erhielt eine eigene Markung. Dazu gehörten noch 1880 102 Morgen Äcker, 271 Morgen Weiden und 113 Morgen Wald (ein Morgen = 31,5 Ar). Wie unter 4, Seite 508.
[12] Wie unter 5, Seite 314.
[13] Burg am Heubelstein. Aus: Wie 6, Seite 76.
[14] Decker-Hauff: Burgfelden und Habsburg. Aus: Zeitschrift für Württembergische Landesgeschichte, 1952, Seite 55.
[15] Wie unter 1.
[16] Wie unter 4, Seite 453.
[17] Die Herren von Tierberg: Heiko Peter Melle www.hpmelle.de.
[18] Geöffnet mittwochs und samstags von 14 bis 17 Uhr, sonntags und feiertags von 10 bis 12 und 14 bis 17 Uhr. www.schloss-scheune.de und www.lautlingen.de.
[19] Albert Pfeffer: Der Tierberg bei Lautlingen und die Herren von Tierberg. In: Blätter des Schwäbischen Albvereins, 1928, Seite 161ff.
[20] Vgl.: Jürgen Meyer: Von Stauffenberg und Andeck. In: Rätsel der Geschichte. Oertel+Spörer, Reutlingen 2003.

Über den „Edelmannsweg" zur verschollenen „Burg Stophola"

Verband eine mittelalterliche Straße die Adelssitze von Gönningen, Öschingen und Bodelshausen?

„Edelmannsweg" – das Straßennamensschild steht beim Mössinger Freibad und weist in Richtung Ofterdingen. Schmucke Einfamilienhäuser flankieren die am höchsten gelegene Wohnstraße der Stadt.[1] Auf diesem nach Westen hin abfallenden natürlichen Höhenrücken lief schon vor Jahrhunderten ein Weg: Hier seien einst die Herren des ehemaligen Schlosses First zu ihrem Domizil auf den gleichnamigen Berg gegangen, sagen die alten Mössinger.

Schon die alte Oberamtsbeschreibung[2] berichtet von einem gleich lautenden Feldweg, der durch die Eichen- und Buchenwälder des Firstwaldes hinauf zur 1757 abgebrochenen Burg führte. In der bis ins Jahr 1670 zurückreichenden Nehrener Pfarrchronik[3] heißt es: „Noch geht an den Weinbergen unten vorbei und dann durch Wiesen der Messinger[4]...der so genannte Ädelmannsweg, seit alters Zeiten, dessen sich zu bedienen noch jetzt der Besitzer des Schlossgutes ... das Recht hat, wenn er im dortigen Schlösschen wohnt."[5]

Der Firstwald bei Mössingen: Vom heutigen Freibad (ganz links) führte ein „Edelmannsweg" auf den Bergrücken (den „First") zum gleichnamigen Schloss (ganz rechts).

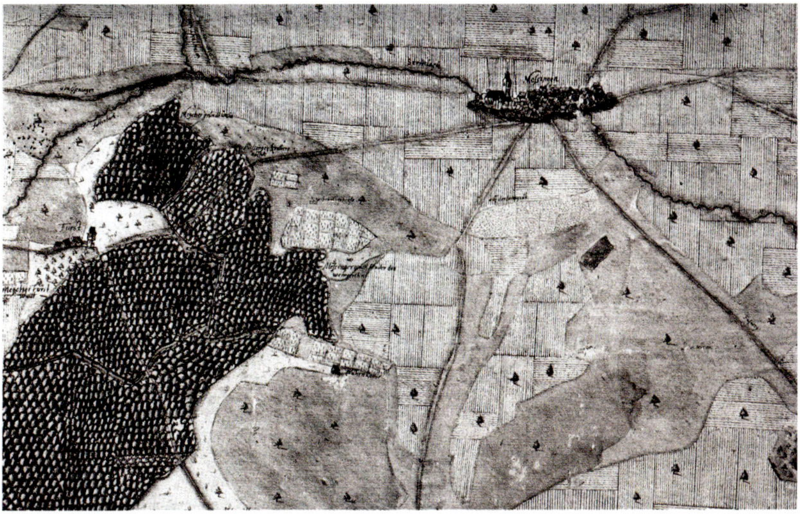

Detailgenaue Kieser'sche Forstkarte von 1683. Die Wege werden im Laufe der Jahrhunderte keine großen Änderungen erfahren haben. Links „Schloß Fürst" mit einer Abzweigung nach Osten (Öschingen). Eine weitere geht nach unten, Norden (Nehren) und nach rechts (Mössingen); mit Weiterführung nach Ofterdingen (rechts unten). Foto: Landesbildstelle Württemberg.

Nun liegt der „Schlösslesbuckel" allerdings seit jeher nicht auf Mössinger oder gar Nehrener, sondern auf Öschinger Markung. Das im 11. Jahrhundert erstmals schriftlich genannte Adelsgeschlecht derer von First (vom Volksmund treffend in „Fürst" umgedeutet) war dort begütert[6], nannte den Firstberg sein Eigen, hatte ebendort eine stattliche Burg[7]. Wieso führte nun besagter „Edelmannsweg" ins 100 Meter tiefer liegende Steinlachtal hinab, wenn die Untertanen im entgegengesetzten Öschingen lebten?

Der Hauptweg zur wohl um 1050 erbauten Burg[8] musste die Grundherren natürlich in erster Linie nach Öschingen führen. Der Kieser´schen Forstkarte von 1683 zufolge verlief ein Höhenweg tatsächlich über den Firstberg und ging von dort weiter nach Gönningen. Vom Jahr 1092 ist uns eine Urkunde[9] überliefert, in dem ein „Hesso de Castro First" Güter in Beroa (vermutlich im Bärenthal) gegen Besitz in Hauchlingen (heute in Nehren aufgegangen) und in Gönningen eintauscht. Seine Tochter Willibirg wird um 1070 als Ehefrau des „Landfridus de Ginningen" genannt[10]. Auch ist aus dem Jahre 1300 von einem „Grafften de Fürst zu Günningen, inn dessen des Stoffel hauser ainem wohnhaft" die Rede[11]. Es gibt also eine Verflechtung zwischen der Adelsfamilie First und den 1100 erstmals genannten Ortsherren von Gönningen, den Stöfflern[12].

Zumal diese neben (oder zeitlich nach den First-Leuten) auch Grundherren in Öschingen waren und dort eine Hausburg hatten („Kö-

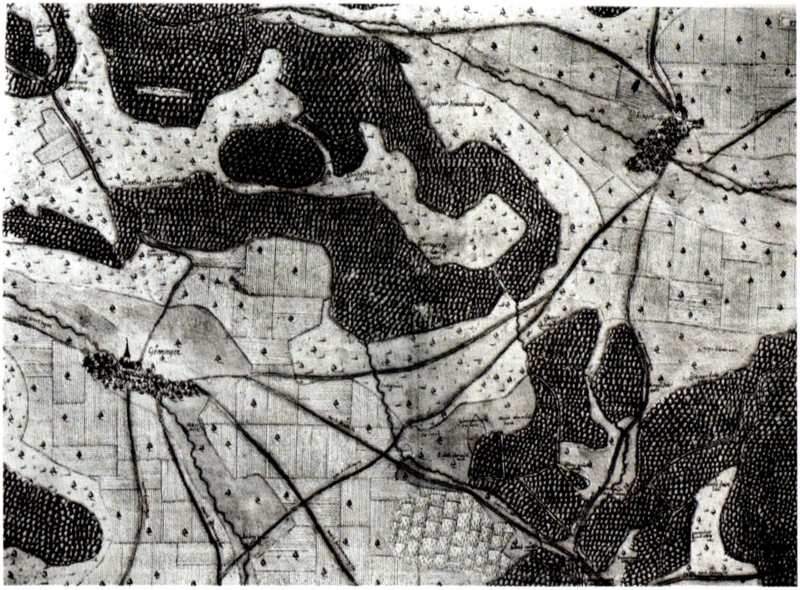

Fortsetzung der vorherigen Karte: Von rechts läuft der „Firstweg" nach Öschingen und unterhalb vom „Schönberg" auf der Trasse der heutigen Landesstraße weiter nach Gönningen.

bele" bei der Kirche).[13] Bevor die Stöffler (von „stoufilin" = kleiner kegelförmiger Berg) ihre „Stöffelburg" hoch über dem Wiesaztal errichteten, gehörte ihnen eine namengebende Burg „Stofola", 1056 in der Reichenauer Chronik genannt. Deren Lage ist bis heute unbekannt. Die jeweiligen Ortshistoriker vermuten aber, dass sie entweder mit der „Alte Burg" zwischen Bronnweiler und Reutlingen oder dem „Staufen" (Floriansberg) in Metzingen identisch sein könnte.[14] Es gibt noch eine dritte Möglichkeit.

Nun hat man bislang unserem „Edelmannsweg" wohl keine weitere Bedeutung geschenkt. Denn dieser hat von Mössingen aus, wie anfangs erwähnt, auch eine mögliche Fortsetzung nach Westen![15] So ist in alten Bodelshäuser Flurkarten[16] ebenfalls ein „Edelmannsweg" eingezeichnet, wenn auch nur als teils zugewachsener Waldweg, der von Ofterdingen kommend schnurgerade durch den Rammert führt. Er endet in einem Gewann namens „Stophelaer Wald", in dessen Mitte der „Steffler Berg" liegt[17]. Heute ist er auf Karten dreigeteilt in den „Laubstöffel" – das letzte linksseitige Waldstück, direkt an der Straße gelegen, die nach Hemmendorf führt, darüber der „Hohenstöffel" (538 m), dahinter, nach Oberhausen abfallend, der Südhang, der „Kleine Stöffel".

Am „Stöffler Wald" sollen sich noch 1840 Reste einer Befestigung ins Krebsbachtal gezogen haben, 1899 existierten noch Überbleibsel einer Ringburg mit Fundamenten, Wällen und Gräben auf dem „Waldberge nördlich von Bodelshausen"[18], also dem „Hohenstöffel". Eine gründliche Untersuchung ist bis heute leider ausgeblieben[19]. Zumal der Stöffelberg auf Grund seiner Topographie eine ausgezeichnete lokale Burgstelle abgeben würde.

Burg am „Stöffelberg"?

Eine Wohn- oder Wehranlage müsste nicht zwangsläufig auf dem höchsten Punkt errichtet worden sein. Wenig unterhalb ragen einige steile Plateauvorsprünge in nordwestliche Richtung. Von ihnen aus kann das sich verengende Krebsbachtal mühelos überblickt werden. Reisende, Händler oder Kriegsvolk mit Fahrtziel Bodelshausen (über die heutige Landesstraße 389), alle mussten die mutmaßliche Burgstelle passieren. Nach Oberhausen und Hechingen ging's durch das Zimmerbachtal, südwestlich des Stöffelberges. Uneingeschränkte Fernsicht war bis tief in die Gäulandschaft möglich. Was aber entscheidender ist: Vom Stöffelberg aus hat man die gesamte Markung Hemmendorf im Blick! Umgekehrt unterstreicht eine Festung über dem Talende das Machtgehabe der Herrschaft.

Dass die Gönninger Stadtherren nicht nur erheblichen Besitz in Bodelshausen, sondern auch in Hemmendorf hatten, beweisen letztlich

Ein tief eingefahrener Hohlweg steigt vom Krebsbachtal zum „Hohenstöffel" hinauf. Es ist die Fortsetzung vom „Edelmannsweg", der vom „Rammert" her kommend von der Landesstraße Bodelshausen–Hemmendorf durchschnitten wird.

Verkaufspapiere aus dem 13. Jahrhundert. Um 1283 und 1288 veräußerte die Stöffler-Familie ihre Besitzungen an den expandierenden Johanniterorden im Tal. Bereits 1280 hatten die Stöffler die „Alte Burg“ samt Bronnweiler aus unerfindlichen Gründen an den Ritterorden abgetreten. Ab dem Jahr 1300 ging die Herrschaft der Stöffler sogar vollends an die Grafschaft Württemberg über.

Das nährt Spekulationen. Schließlich fällt der Zeitpunkt der Stöffler´schen Herrschaftsauflösung genau in die Jahre, als sich die Ritterorden der Johanniter und der legendären Templer blutige Schlachten um die Vormachtstellung im Heiligen Land lieferten. Die Güter des schließlich mit Gewalt aufgelösten Templer-Ordens fielen in Folge alle an die mächtige Bruderschaft der Johanniter.[20]

Zurück zur Suche nach der „Burg Stophola“: Ein weiteres Indiz für ein ideal gelegenes Herrschaftsdomizil ist die auf halber Höhe unterhalb des „Hohenstöffel“ entspringende „Stöffelquelle“, die dem Schilfsandstein entspringt. Sie liefert noch heute „praktisch keimfreies, einwandfreies Trinkwasser“[21]. Für das Jahr 1592 ist eine fast drei Kilometer lange Holzdeichleitung überliefert, die nach Hemmendorf führte und in einem Röhrenbrunnen vor der Kirche endete.[22] Auffallend sind ebenfalls am Westhang des „Hohenstöffel“ zwei sich überschneidende, metertief eingegrabene Hohlwege. Sie führen auf der Trasse des neu angelegten Radweges geradlinig durch das im Mittelalter verschwundene Dorf Marbach[23] auf Hemmendorf zu.

Uralter Weg vom „Hohenstöffel“ hinab zur „Stöffelquelle“ und zur verschwundenen Siedlung Marbach.

Schließlich soll zur Untermauerung der These von einem frühen Herrschaftszentrums der Stöffler eine alte Sage[24] aufgegriffen werden. Diese wurde 1748 vom Rat niedergeschrieben, „wie von (den) Voreltern öfters gehört“: Die Legende berichtet „von zwei Edelleuten“ die auf zwei verschiedenen Burgen lebten. Einer davon „auf der Burg im gedachten Wald Steffler“, der andere „im Ort“. (Tatsächlich wurden 1973 Fundamente einer Burganlage aus dem 12. Jahrhundert dort entdeckt, wo heute das Rathaus steht – am „Burgplatz“. Wer sie gebaut hat, bleibt bis heute ein Rätsel.)[25]

Der Wehrturm von Bodelshausen

Allerdings ist die beherrschende Lage der Kirche über dem Ort verdächtig. Der um 1245 errichtete, einst frei stehende (Kirch-)Turm hat an der Ostwand keine Lichtöffnungen. Hier könnte einst ein Gebäude (der Sitz der Stöffler?) angebaut gewesen sein. An einem Turmquader ist ein schreitender Löwe eingeritzt, das Wappentier der Gönninger.

Diese beiden „adligen Brüder“ seien wegen einer „zwischen ihnen sich angesponnenen Misshelligkeit“ in tödlichen Streit geraten. Der Brudermörder ergriff „die Flucht nach Hemmendorf“, wo er von den Johannitern zu „seinem bessern Fortkommen“ etliche hundert Gulden entlieh, wofür er „den Stöffler Wald“ als Hypothek stellte.

Zwei verschwundene Burgen: eine in Bodelshausen (Rathaus) und die andere im (links) dahinter liegenden „Stöffler Wald“ oder bei der Kirche.

Widmen wir uns abschließend noch dem fehlenden „Mittelteil" des „Edelmannweges": Obwohl er sich auf Gemarkung Ofterdingen durch die neuzeitliche Bebauung nicht direkt nachweisen lässt, gibt es auch dort Spuren von den Stöfflern. Der rechtsseitige Bereich an der heutigen B-27-Steige wird 1556 wie folgt beschrieben „... Ofterdingen das dorff hinauf an den Hausserbach, von dannen am Stefflerberg und Lehenfelsser wasen an die Marckht ..."[26]. Diese Beschreibung im Tübinger Forstlagerbuch nennt nun zwar auch einen „Stefflerberg", doch in der angegeben Reihenfolge kann es sich ja niemals um den gleich lautenden Berg bei Bodelshausen handeln. Merkwürdigerweise ist in einer Forstkarte[27] von 1592 an der gleichen Örtlichkeit auch ein „Stefflerberg" eingezeichnet. Die Topografie verzeichnet aber an dieser Stelle die Anhöhe „Mattern". Der steile Nordwesten war früher ein Weinberg, heute säumen ihn Kleingärten, nach Nordosten liegen Wiesen. „Mattern" kommt vom mittelhochdeutschen Martern oder Martyrium. Das würde zum nahe liegenden Lehfeld, einer mittelalterlichen Gerichtsstätte, passen, was aber Stoff genug für eine andere Geschichte ist.

Wir könnten den „Stefflerberg" als Fehleintrag links liegen lassen, wenn nicht an seinem imaginären Fuße heute noch ein „Steffens Löchle" wäre, 1714 „Stöffeles Löchle" genannt. Ein kleiner Flurteil mit guten Wiesen. Wobei „loh" für „kleiner Wald" steht. Unweit davon, ungefähr in Höhe des Naturdenkmals „Schneckenpflaster" an der Steinlach, liegt die ungedeutete Flur „vor den Stäffelen"; 1714 als „beim Stöffele" bezeichnet. Schließlich scheint auch die bis heute nicht interpretierte Bedeutung des „Scheffertals", parallel zur Ofterdinger Steige der B 27, vielleicht auf Grundbesitz der Gönninger Stöffler hinzuweisen.[28]

Die Möglichkeit, dass es eine „ritterliche Nahverbindung" gab, die vom Bodelshäuser „Hohenstöffel" über Ofterdingen und Mössingen zum Firstberg und über Öschingen nach Gönningen zur „Alte Burg" führte, ist wohl nicht anzuzweifeln. An welchem Ende des „Edelmannwegs" allerdings die seit Jahrhunderten gesuchte „Burg Stophola" stand, muss noch enträtselt werden.

Quellen/Anmerkungen:

1 Der Edelmannsweg ist zu Beginn des 20. Jahrhunderts als Baugebiet erschlossen worden. Aus: Martin Haar: Mössinger Heimatbuch. Die Straßen- und Flurnamen, Mössingen 1974, Seite 198.

2 Oberamtsbeschreibung Rottenburg. Königliches Statistisches Landesamt, Stuttgart 1828, Seite 80.

3 F. A. Köhler: Topografie und Chronik. Nehren, 1838. Aufgenommen in: Nehren. Eine Dorfchronik. Gulde-Druck, Tübingen 1981, Seite 31.

4 Damit könnten die Wiesen der Mössinger Bürger gemeint sein. Aber auch die Grundstücke der in verschiedenen Schreibvarianten vorkommenden „Megenzer von Felldorf", einer adligen Familie aus Starzach, die mit den Besitzern von Öschingen, den Herrn von Ow, verwandt waren (vgl. Beschreibung des Oberamts Horb, Stuttgart 1865, Seite 180). Die Megenzer verwalteten von 1562 bis 1695 das Schlossgut First. Darum heißt der Hang östlich des Firstwald-Gymnasiums auch heute noch „Megenzer Wald".

5 Im Original ist von dem „Besitzer des Schlossgutes in Talheim ..." die Rede. Dort gab es ein verfallenes Wasserschloss, das um 1800 abgebrochen wurde. (Vgl.: Meyer: Archäologische Geheimnisse, Oertel+Spörer, Reutlingen 2002). Ein altverbrieftes Wegerecht von der Nehrener über die Mössinger zur Talheimer Markung halte ich für unplausibel. Der „Privatweg" kann nur in räumlicher Nähe zum Grundstück liegen, also beim Schloss First.

6 Ein Marquard von First zu Öschingen ist für 1304 verbürgt. Aus: Öschingen. Der Landkreis Tübingen. Kohlhammer, Stuttgart 1972, Seite 508.

7 Beschreibung des Oberamts Rottenburg, II, 1899, Stuttgart, Seite 314.

8 Siehe auch das gesonderte Kapitel in diesem Buch über die Burg First.

9 Willy Baur: Vom Firstberg bei Mössingen. Blätter des Schwäbischen Albvereins, 1932, Seite 292.

10 Theodor Schön: Die Gutsherren von Öschingen. Reutlinger Geschichtsblätter, 1890, Seite 69ff., bezieht sich auf die Annalen des Klosterabts von Zwiefalten (Berthold Zwiefaltensis). Landfried von Gönningen war wohl ein von den Stöfflern eingesetzter Verwalter.

11 Wie unter 9.

12 Beschreibung des Oberamts Tübingen. Stuttgart, 1867, Seite 383. Hingegen hält die neuere Forschung die Stöffler erst mit dem Jahr 1181 als in Gönningen sicher vertreten. Vgl.: Gönningen. Der Landkreis Reutlingen. Thorbecke, Sigmaringen 1997, Seite 407.

13 Der erste nachweisbare Ortsherr ist Albrecht von Stöffeln, der 1348 Güter aus „seinem eigenen Dorf" Öschingen dem Kloster Alpirsbach verkauft. Jürgen Meyer: König Artus und die Burg im „Köbele". Aus: Archäologische Geheimnisse. Oertel+Spörer, Reutlingen 2002, Seite 49. Quelle: Wie unter 6.

14 Gönningen. Der Landkreis Reutlingen. Thorbecke Verlag, Sigmaringen 1997, Seite 407.

15 Tübingens Kreisarchivar Wolfgang Sannwald hat diese bisher noch nie schriftlich fixierte Möglichkeit im Heimatbuch von Bodelshausen aufgegriffen: Die Herren von Stöffeln. In: Die Geschichte von Bodelshausen, Band 1. Tübinger Chronik, 2000, Seite 29ff.

16 Freundliche Mitteilung von Ernst-Eugen Nill, dessen Familie den „Birkenhof" unweit des Wegeverlaufs betrieb.

17 Urkundliche Bezeichnung im 13. Jahrhundert. Württembergisches Urkundenbuch 3518, 26. Februar 1288.

18 Beschreibung des Oberamts Rottenburg, II, 1899, Seite 553.

19 Bei einer Begehung des Platzes im September 1999 gab es „keine einwandfreien Befunde" auf eine hochmittelalterliche Burganlage. Die Fläche auf dem „Hohenstöffel" war nirgends verebnet. Nach oberflächlicher Sichtung keine Spur. Aus: Heimatbuch Bodelshausen, Band 1. Tübinger Chronik, 2000, Seite 38.

20 Karlheinz Geppert: Unter dem Johanniterkreuz. Aspekte zur Geschichte der Kommende Hemmendorf. 900 Jahre Hemmendorf. Geigerdruck, Horb 2002, Seiten 205 bis 225.

21 900 Jahre Hemmendorf. Geigerdruck, Horb 2002, Seite 201.

22 Peter Wagner: Die Stöffelquelle in Hemmendorf: Jetzt gang i an´s Brünnele. Rottenburg 1988, Seite 114.

23 Jürgen Meyer: Wie vom Erdboden verschluckt. Aus: Rätsel der Geschichte. Oertel+Spörer, Reutlingen 2003, Seite 186 ff.

24 Theodor Schön: Sagen und Fabeleien aus dem Albgebiet. Blätter des Schwäbischen Albvereins, 1892, Seite 126. Er variiert in Details mit einer Schilderung, auf die das Heimatbuch Bodelshausen zurückgreift (wie unter 16).

25 Als Ortsherren von Bodelshausen sind seit Ende des 13. Jahrhunderts die Herren von Ow nachweisbar. Ihre Burg lag mitten im Ort. Sie haben sie aber ursprünglich nicht gebaut, sondern eine bestehende ausgebaut. Ebendiese könnte im 11. Jahrhundert von den Stöfflern errichtet worden sein, ehe sie sich, der Mode der Zeit folgend, eine Höhenburg auf dem „Hohenstöffel" bauten. Vgl.: Erhard Schmidt: Der Burghof in Bodelshausen. Jahresgabe des Sülchgauer Altertumsvereins, Rottenburg 1979, Seiten 68 bis 74.

26 „Hausserbach" meint den im kleinen „Scheffertal", rechts der B-27-Steige entspringenden Bach, der mit dem aus dem Butzental kommenden Tannbach, der zwischen der B 27 und Bästenhardt unter der Bundesstraße hindurch fließt, sich vereint und in die Steinlach mündet. „Lehenfelsser wasen" ist das Leh- oder Laifeld rechts der Ofterdinger Steige. Die „Marckht" meint die Mössinger Markungsgrenze.

27 Georg Gadner: Chorographia Ducatus Wirtenbergici: Tibinger Vorst Schambuech, 1592, Blatt 16. Im Hauptstaatsarchiv Stuttgart.

28 Wolfgang Wille: Siedlungen, Markung und Flurnamen. In: 850 Jahre Ofterdingen im Steinlachtal. Tübinger Chronik, 2000, Seite 29ff.

„Da hat vor Zeiten ein Schloss gestanden“

Warum ein Öschinger Pfarrer auf dem Firstberg eine der ältesten Burgen der Region abreißen ließ

„Nordöstlich von dem am Ausgangspunkt zweier Straßen auf die Alb gelegenen wohlhabenden Dorfe Öschingen erhebt sich der Fürstberg mit seinen fruchtbaren Feldern und Baumgütern. Auf der vordersten Spitze desselben, Mössingen zu, 592 Meter über dem Meere, hat vor Zeiten eine Burg gestanden“, schreibt Theodor Schön[1] vor über hundert Jahren. Seither hat sich niemand mehr mit dem Hintergrund des „Schlößlens-Buckels“, wie ihn die Einheimischen nannten, nachhaltig auseinander gesetzt. Schon damals hieß es in der maßgeblichen Oberamtsbeschreibung: „Die Geschichte schweigt.“[2]

Nur noch „zwei Gräben und drei Wälle, eine viereckige Erhöhung mit Mauerspuren und Kellergewölben“ waren 1899 auszumachen. Sechzig Jahre später baute der Zweckverband einen 10.000 Kubikmeter fassenden Verteilertank der Bodenseewasserversorgung in die Anlage.[3] Allerdings sind in Karten[4] aus den Jahren 1575 und 1683 halbwegs detailgetreue Ansichten überliefert. Zusammen mit einem

Schloss First im 17. Jahrhundert. Detaillierte Zeichnung von Andreas Kieser. Vorne vermutlich eine Scheune, Rest eines alten Maierhofs.

aufgetauchten „Gutachten“,[5] das 1741 kurz vor dem Abriss erstellt wurde, können wir uns deshalb heute glücklicherweise ein räumliches Bild von der geschichtsträchtigen Anlage machen:

„Das Schlößlein ist ein Gebäude, das in die Vierung geht und drei Stock bis unter das Dach hat, sonst mehr einem Turm, als einem Wohngebäude gleicht. Es ist gegen 30 Fuß lang und ebenso breit, erreicht auf beiden Seiten das Ende und Präcipice (Abhang) des Berges. Unter diesem Gebäude ist ein kleines Kellerlein, worin etliche Fäßlein Wein und die Milch verwahrt werden können. Darüber ist ein Pferdestall zu drei bis vier Pferden, aber dermalen steht eine Mostkelter darin.

Der 1. Stock: Eine wohl getäfelte Stube mit vier Viertelfenstern und einem irdenen Ofen, grünen Aufzugsläden. Daneben eine kleine Kuche und zwei Kämmerlein. Der 2. Stock: Dieselben Gemächer ohne Fenster und Ofen. In der Kuche kein Herd und Belag. Der 3. Stock: Eine Fruchtbühne.“ Angebaut war ein Backhaus mit drei Backöfen, samt integriertem vierfachem Schweinestall. Die Wohnstube für den Verwalter, das „Maierhaus“, bestand aus einer Kammer, Küche, Speis- und Nebenkammer: „Auf der Bühne fünf Kämmerlein zu Legung des Gesindes (Knechte, Mägde), auch zur Aufschüttung der Frucht (Dörrboden). Unter dem Haus ein 15 auf 12 Schuh großer Keller, so mehr zu einem Stall gebraucht wurde.“ Unter dem Haus befand sich auch ein Gefängnis, der „Eselsstall“. Das „Maierhaus“ stand „einerseits des Berges nach der Länge, andererseits gegen der Hofraitin“ (Hofreite, meint bäuerliches Anwesen). Anschließend stand „überzwerch gebaut eine Scheuer mit einem Anstoß zur Kelter“. In zwei Stallungen passten zudem noch 20–26 Stück Vieh, in einen dritten, neueren Stall acht Stück. Diese Gebäude nahmen auf der Hochfläche so viel Raum ein, dass auf einer Seite nur noch Platz für einen kleinen Fußpfad blieb.

First auf einem Kartenausschnitt des 16. Jahrhunderts.
Foto: Hauptstaatsarchiv Stuttgart.

Unten am Berg, auf der Südseite, war noch 1739 eine bestehende Scheune erweitert worden. Daneben befand sich ein bereits eingefallener Röhrenbrunnen. Auf der Nehren zugewandten Seite muss damals „ein 30 Schuh tiefer Schöpfbrunnen, fünf Fuß ausgemauert“, bestanden haben. Zwei Eimer mit eiserner Kette dienten zum Fördern des Wassers. Erwähnt sind noch „2 fließende Brunnen auf der Weide.“

Rekonstruktion der Burg. Ansicht von Norden. Mit dem Schild der Adelsfamilie, das im Ortswappen von Nehren auftaucht. Repro: Schwäbischer Albverein Öschingen.

„Castrum Virst“

Der Schlossgarten war etwa zwei Mannsmahd[6] groß (rund ein Hektar) und mit „einem lebenden Hag“ eingefasst. Wiesen und Raine (Abhänge) umfassten eine Fläche von $23^{1}/_{4}$ Mannsmahd, weitere 6 Morgen waren Weinberge, 12 Morgen Ackerfläche, 40 Morgen Weide, 150 Morgen Eichenwälder.

Über die Entstehung der ursprünglichen Burg ist, wie so oft, nahezu nichts bekannt. Erstmals tauchen in einer Urkunde 1075 mit den Brüdern Hesso und Burkhard Edelfreie zu First[7] auf. Von einer Burg („Castrum Virst“) ist erst 1092 die Rede.

Nun fällt aber auf, dass die Burg, wenn sie als Festung gebaut worden wäre, eine merkwürdige Lage im Gelände hatte. Anstatt am vordersten Ende des Vorsprungs zu stehen, lag sie auf dem schmalen Bergkamm muldenartig zwischen den breiteren Bergflächen. Sie bot so jedem Gegner zwei gefährliche Angriffspunkte. Das ist ein Indiz dafür, dass es sich bei der „First“ nicht um einen Verteidigungsbau, sondern um eine der frühesten Burgen der Region handeln muss.

Der Grund für die Wahl dieses nicht besonders optimalen Bauplatzes könnte im Zusammenhang mit einem etwas tiefer am Hang gelegenen älteren Gutshof[8] zu suchen sein. Beispiele einer solchen räumlichen Verbindung finden sich in einer Reihe anderer Burgen in der Region, die auf den der Alb vorgelagerten Braunjura-Höhen standen. Auch die abgegangenen Burgen bei Bisingen (Ror) und Hechingen-Boll (Semdach und Zell) waren vermutlich zunächst Maierhöfe.[9]

Letzte Reste einer der frühesten Burgen der Region.

Die Macht der Maierhöfe

Das waren sehr alte Gutsanlagen, auch Dinghöfe, später Fronhöfe genannt. Sie überragten die anderen Bauernhäuser sowohl von ihrer baulichen Größe als natürlich auch vom Güterumfang. Ihre Sonderstellung zeichnete sich durch zahlreiche Rechte und Pflichten aus (Zwing und Bann). Der „Maier“ bannte die Fluren und Wälder, indem er ihre Nutzung überwachte. Er bestimmte die Erntetermine, Viehtriebe und überwachte Wegerechte. Kurzum: Der Maierhof ersetzte den frühen Siedlungen das Rathaus und dessen Aufgaben, war Gericht und Gefängnis, war Asyl und Herberge.[10] Es leuchtet ein, dass sich aus der Machtposition eines solchen „Maiers“ parallel zum Aufstieg des Wohnsitzes auch der soziale folgte. So entstand der niedere Adel.

Die Burg First hat sich vermutlich aus solch einem befestigten Gutshof zu einer frühen Höhenburg entwickelt. Ihr Ende kam aber nicht nur wegen ihrer ungünstigen Verteidigungslage: Die Burg wurde 1756 vielmehr auf Drängen des frommen (pietistischen) Pfarrers von Öschingen abgerissen[11], weil sie als „Trinkspelunke“ verschrien war. Der Gomaringer Berner Nicolaus Teuscher hatte das heruntergekommene Anwesen zuvor von Württemberg gepachtet gehabt.

Das Ende der „Trinkspelunke“

Teuscher, vormals Knecht, zeigte Geschäftssinn und versuchte aus dem landwirtschaftlich „nicht sehr ertragreichen Gut“ dennoch Gewinn herauszuschlagen. Er durfte Obst mosten und ausschenken, Branntwein brennen und verkaufen. Dies führte dazu, dass das abgelegene Schloss „zum Tummelplatz des jungen tanzlustigen Volks wurde“. Vor allem aber hatte er die Erlaubnis ohne behördliche Genehmigung „Spielleute zu halten“ und „an Aposteltagen Tänze halten zu dürfen“.[12]

Das wundert nicht, da diese Zeit genau in die Epoche fällt, als Herzog Carl Eugen in Württemberg auf Schloss Solitude eine höfische Pracht mit Tanz, Musik und Theater entfaltete, die unter den anderen Dynasten Europas ihresgleichen suchte.[13] Wenn schon ein Friedrich Schiller kritische Töne[14] an diesem höfischen Treiben laut werden ließ, kann man es nicht verdenken, dass auch die Öschinger Pietisten „in der Provinz“ dagegen wetterten. Mit Klagen allein kamen die Öschinger jedoch bei der herzoglichen Kammer nicht weiter. Sie bedienten sich einer heute in Börsenkreisen verbreiteten Taktik – der „feindlichen Übernahme“. Bürgermeister Wagner und elf weitere Öschinger kauften kurzerhand die „verkommene“ Burg für stattliche 9.000 Gulden von Württemberg, entschädigten den Pächter mit 375 Gulden und rissen die Gebäude endgültig ein.[15]

Quellen/Anmerkungen:

1 Theodor Schön: Die Gutsherren von Öschingen, O.A. Rottenburg. Reutlinger Geschichtsblätter, 1890, S. 68ff.

2 Beschreibung des Oberamts Rottenburg, 1828, Seite 193ff. Die zweite, ausführlichere Oberamtsbeschreibung von 1899 beruft sich dann in ihrer Abhandlung über Öschingen auf die Forschungen Schöns. Wie unter 1.

3 Öschingen. Aus: Der Landkreis Tübingen, Band 1, Tübinger Chronik, 1967, Seite 515.

4 Württembergischer Atlas von 1575, Blatt 102 Tübingen. Kieser´sche Forstkarte von 1638.

5 Visitationsprotokoll des Kgl. Finanzarchivs vom 11. April 1741. In: Reutlinger Geschichtsblätter 1908, Seite 92.

6 Bei Flächenmaßen herrschte ein heilloses Durcheinander. Eine Mannsmahd in Rottenburg betrug 49,37 Ar oder 1 1/2 Morgen. In Württemberg rechnete man mit 47,27 Ar. Aus: Jänichen: Maß-, Gewichts- und Geldverhältnisse. Der Landkreis Tübingen, Band 1, Tübinger Chronik, 1967, Seite 281.

7 Über die Familie First siehe in gesonderten Kapiteln in diesem Buch.

8 Dieser Hof könnte das auffallend gezeichnete, am Hang stehende Gebäude auf der Kieser´schen Forstkarte sein. Vgl.: Willy Baur: Vom Firstberg bei Mössingen. Blätter des Schwäbischen Albvereins, 1932, Seite 291.

9 Hedwig Mauer: Abgegangene Siedlungen im Gebiet der ehemaligen Grafschaft Zollern. Hohenzollerische Heimat, Heft 1/2000ff.

10 Professor Dr. Viktor Ernst: Schwäbische Maierhöfe. Blätter des Schwäbischen Albvereins, 1919.

11 A. Kraus: Ehemalige Burg First bei Öschingen. Hohenzollerische Heimat, 1962/3, Seite 45.

12 Das Ende der Burg First. Reutlinger Geschichtsblätter, 1908, Seite 92ff.

13 Gabriel Haug-Moritz: Carl Eugen, 1728 bis 1793, Herzog von Württemberg. In: Das Haus Württemberg, Kohlhammer, Stuttgart 1997.

14 Sein Stück „Kabale und Liebe“, worin er sich gegen die im Absolutismus gegebenen gesellschaftlichen Bedingungen auflehnt, entstand 1784.

15 Württemberg behielt die Forstgerechtigkeiten samt den Wäldern. Weiden, Wildern und Holz holen blieb für die Öschinger verboten. Kirschen, Obst und Eicheln durften nur mit Genehmigung des Forstamts geholt werden.

Das Vermächtnis der „Hessonen“

Vom Ende des Sülchgaus und dem Aufstieg der Unfreien

Grabplatte des letzten Herren von First, Hans-Conrad, gestorben 1561 (in der Tübinger Stiftskirche).

„Heute Fürst, heute – und nimmermehr“, hieß es 1561 am Grab des letzten Herren von First, als man ihm nach altem Brauch seinen Schild samt Helm in die Tübinger Gruft dazu legte. Mit Hans Conrad erlosch eines der bedeutendsten Adelsgeschlechter Schwabens, das auf dem Firstberg von Öschingen thronte.

Umso unverständlicher ist es, dass die Dynastie First bis heute in der Geschichtsschreibung ein Schattendasein führt.[1] Über ein halbes Jahrtausend lang zieht sich der Name First durch die Ereignisse in unserer Heimat. Deren Wappen[2] war ein blauer Schild mit einem silbernen Sparren. Letzterer findet sich heute noch im Öschinger Ortswappen (zur Hälfte mit dem Löwen der Gönninger Stöffler) und im Wappen von Nehren und Hauchlingen[3], wo die First ebenfalls begütert waren.

Die Edelfreien von First lassen sich im Jahre 1075 das erste Mal mit den Brüdern Hesso und Burkhard nachweisen. Edelfrei (liberi, nobiles) bedeutet, dass sie zwar adelig waren, aber nicht zum Hochadel gehörten, also keine Funktionen in der hohen Reichspolitik innehatten. Die uns nun überlieferten Herren gehörten wahrscheinlich zu der bedeutenden Sippe der Hessonen. Die haben es, wie viele andere Familienclans auch, irgendwann nach der Vertreibung der Römer zu Macht und Ansehen im alemannischen Raum gebracht. Vermutlich stammen von den Hessonen die bis heute wirkenden Markgrafen von Baden ab. Es waren auch ein Hezelo und ein Hesso, die 1083 das bedeutende Kloster St. Georgen im Schwarzwald gründeten.[4]

Was heute die Landkreise und Bezirke sind, waren damals, freilich in völlig anderer struktureller Form, die Gaue und Huntaren. Einer davon, der Sülchgau (nach 1100 aufgelöst), dessen Hauptort Sülchen (bei Rottenburg) schon im Jahre 500 erwähnt ist, scheint von Angehörigen dieser Familie verwaltet worden zu sein. Der heilige Meinrad (gestorben um 863), geistiger Gründer des berühmten Klosters Einsiedeln und auch ein Hessone, bekannte, seine Heimat sei „der Gau, den die Alten nach dem Dorf Sülchen den Sülchgau nennen".[5] Schriftliche Nachweise gibt es jedoch nur ganz sporadisch, es klaffen Lücken von einigen hundert Jahren. Auch ist der Umfang des Gaus unbekannt. Überliefert ist lediglich, dass der obere Teil von Kirchentellinsfurt (Kirchheim)[6] und Dusslingen[7], wo die Grenze mitten durch das Dorf verlaufen sei, dazu gehörten.

Vermutlich ist der Sippe der Hessonen eines Tages vom König der Sülchgau zur Verwaltung übertragen worden. Der mit diesen administrativen Aufgaben verbundene Titel eines Grafen hat die wohl aus dem Breisgau stammende Familie im wahrsten Sinne des Wortes „geadelt". Anzunehmen, dass auch die Gegend um den Firstberg, nach dem sich einzelne Glieder nannten, im Bereich ihrer Grafschaft gelegen hat. Wenngleich Mössingen und Talheim nebst Hechingen bereits zum Nachbarbezirk Hattenhuntare gehörten. Während sich aber die dortigen Grafen, die Zollern, noch Jahrhunderte behaupten konnten, verschwanden die Hessonen aus der Gegend; der Titel eines „Markgrafen von Baden" machte eben mehr her als ein „Graf von Sülchgau".

Damit erklärt sich auch, warum der herrenlos gewordene Bezirk in den Machtbereich der Tübinger Pfalzgrafen kam, die von Norden und Osten her ihren Bezirk, die Glenhuntare, nach Süden ausdehnten. Von Westen und Süden her konnten sich die Zollern, durch den neuen Zweig der Grafen von Hohenberg, bis nach Rottenburg vorschieben. An der Grenze dieser beiden neuen Machtblöcke lag damals schon seit Jahrhunderten eine sagenumwobene Landmarke. Ein heute noch sichtbarer Grabhügel – der „Birtenleh".[8]

Nach dem Abzug der Hessonen blieb quasi das „Personal" zurück. So auch beim Gutshof am Firstberg. Der vielerorts anzutreffende gesellschaftliche Aufstieg der Inhaber von Maierhöfen zum niederen Adel lässt sich gerade für das Vorland der Alb nachweisen:[9] Seit dem zwölften Jahrhundert konnten sich „Angestellte“ (Unfreie) zum Grafen emporschwingen. Bislang waren sie als Unfreie von ihren Herren mit militärischen und verwaltungstechnischen Aufgaben in deren Orten betraut. Nun nennen sie sich „ministerales“ (Dienstleute) oder „milites“ (Ritter) nach ihren Wohnsitzen.

In Öschingen erscheint um 1288 erstmals ein Niederadliger namens Kraft von Firste, übrigens gleichen Wappens mit den Herren von Ehingen, der ehemaligen Schwesterstadt von Rottenburg. Die Familien vom Berg First versippten sich in der Folgezeit mit ihresgleichen, also den meisten Niederadelsgeschlechtern der Gegend, darunter den bis heute erhaltenen Zweig derer von Ow.

Bedeutende Ritter, Gelehrte und Haudegen stammen aus dem Hause First. An die auffälligsten Persönlichkeiten, die überregionale Bedeutung erlangt haben, soll in den folgenden Kapiteln kurz erinnert werden.

Quellen/Anmerkungen:

1 Immerhin ziert seit Oktober 2001 eine Schautafel die Stelle, wo 250 Jahre zuvor die letzten Reste der einstigen Burg First abgerissen worden waren. Die Öschinger Ortsgruppe des Schwäbischen Albvereins hat die Hinweistafel anlässlich der 900-Jahr-Feier erstellt. Vgl.: Reutlinger General-Anzeiger vom 16.10.2001, Seite 18.

2 Nach einer Archivurkunde von 1451 „auf dem Helme ebenfalls ein Sparren“. Die Herren von Ehingen (ehemals Nachbarstadt von Rottenburg) haben ein ähnliches Wappen. Sie sind mit größter Wahrscheinlichkeit mit den First verwandt. Dafür spricht, dass sowohl die Herren von Ehingen wie auch die von First um das Jahr 1300 die gleichen Vornamen Werner und Marquard führten.

3 Hesso von Virst tauschte 1092 Besitz in Nehren und Hauchlingen gegen Güter im Bärathal ein. Vgl.: Theodor Schön: Die Gutsherren von Öschingen, O.A. Rottenburg. Reutlinger Geschichtsblätter, 1890, Seite 68ff. – Unweit der Nehrener Steinlach gibt es einen ungedeuteten Flurnamen „Boltringer“ bzw. „auf dem Boltringer Weg“. Da die Sippe First unter Conrad auch in Poltringen (Ammerbuch) begütert war (am 12.3.1489 kauft selbiger „4 Jauchert Äcker im Poltringer Zehnten“), könnte hier ein Zusammenhang bestehen.

4 Michael Buhlmann: Gründung und Anfänge des Klosters St. Georgen. In: Quellen zur mittelalterlichen Geschichte St. Georgens, Band II (Vertex Alamanniae, H. 3). St. Georgen 2003.

5 Gerhard Kittelberg: Sülchen. In: Tübingen und das Obere Gäu. Theiss, Stuttgart 1983, Seite 201, und: Ludwig Schmid: Der heilige Meinrad. Geschichte der Grafen von Zollern-Hohenberg. Scheitlin, Stuttgart 1862.

6 Kirchentellinsfurt aus Kirchheim und Tällinsfurt zusammengewachsen. Kirchheim ist 1007 als „In der Grafschaft Hessin gelegen“ in einer Urkunde des Königs Heinrich II. genannt. Aus: Gaue, Grafschaften und Herrschaftsverhältnisse. Landkreis Tübingen, Band 1. Tübinger Chronik, 1967, Seite 202.

7 Erstnennung Dußlingens im Jahr 888 „in pago Hattinhunta et Sulichgeuwa“ und in der (Nachbar-)Grafschaft des Berengar und des Eberhard gelegen, durch Kaiser Karl den Dicken. Dusslingen. Heimatbuch, 1988, Seite 36.

8 Über den „Birtenleh“ siehe das Kapitel in diesem Buch.

9 Prof. Ernst: Die Entstehung des niederen Adels. Kohlhammer, Stuttgart 1916.

„Im Frieden gut und stark im Felde“

Die ersten Studenten der Universität Tübingen

Vier Adelssöhne von First zählten zu den ersten 57 Tübinger Studenten. Das erste Uni-Gebäude stand nach neuesten Dachwerk-Untersuchungen nicht bei der „Alten Burse“, sondern in der Münzgasse 24–28.

Die Vierzigerjahre des 15. Jahrhunderts: Das Mittelalter neigt sich dem Ende zu. Conrad von First war ein weiser Mann, der es verstand, das Erbe seines Vaters zu mehren. Er war neben seiner Hausburg auf dem Firstberg bei Öschingen noch im Besitz der Burg Hölnstein (Stetten im Laucherttal) und der Wasserburg von Pfäffingen. Während seines langen Lebens siegelte er zahllose wichtige Urkunden. Ein untrügliches Zeichen dafür, dass er hohes Ansehen genoss.

Conrads Bruder Hans hingegen war ein unbesonnener Mensch. Er schaffte es, sich nicht nur mit dem Herzogtum Württemberg anzulegen. Nein, auch mit allen Reichsstädten und dem benachbarten Adel sowieso lag er im Clinch. So warf er aus nicht bekanntem Grunde den Schlossherrn von Isenburg (Horb) in sein Gefängnis, sodass der Markgraf Jacob von Baden zum Schlichten geholt werden musste.[1] Selbiger musste kurz darauf auch Händel hinbiegen, die Hans First mit Fritz von Hochmössingen angefangen hatte.[2]

Vermutlich zog Bruder Conrad das schwarze Schaf der Familie aus dem Verkehr, um weitere Rufschädigungen zu vermeiden. Er machte Hans zum „Frührentner“ und versprach ihm „zweihundert rheinische

Gulden als Leibgeding auf Lebenszeit". Im Jahre 1448 übergab Hans seinem Bruder dafür all sein „Gut, Eigen und Lehen, liegend und fahrend, Barschaft, Kleinod, Schulden, nichts ausgenommen, als mein eigenes Pferd und mein Harnisch".[3]

Für die geistige Zukunft des Landes Württemberg kam am 3. Juli 1477 der große Wendepunkt. Graf Eberhard legte in Tübingen den Grundstein für eine Universität. Unter den Ersten, die der Aufforderung nachkamen, ihre Söhne auf die neue Hochschule zu schicken, waren auch die Kinder des Conrad von First. Zwar konnte er die jungen Herren Ritter in der Waffentechnik selbst unterrichten, getreu dem Wahlspruch „Im Frieden gut und stark im Felde", aber die geistige Ausbildung vermochte er selbst nicht zu schultern.[4] So kam es, dass vier seiner neun Sprösslinge die ersten der 57 Studenten Tübingens wurden. Dieser Schritt wurde durch den Umstand begünstigt, dass die First ein Haus in der Neckarhalde erwerben konnten.

1. Hans der Ältere war ein kampfeslustiger Mann. Nach seinem Studium ritt er an der Seite der berühmten Grafen von Zimmern, als diese ihre besetzte Stadt Oberndorf/Neckar mit einem Handstreich wieder zurückeroberten.[5] Hans mischte auch auf den Schlachtfeldern des Schwabenkrieges mit, als sich die Eidgenossen 1499 vom Deutschen Reich loslösten. Er fand dabei den Tod. Sein Leichnam wurde beim Dominikanerinnenkloster[6] in Tübingen bestattet.

2. Der Werdegang des zweiten Sohnes Conrad junior nach dem Studium ist nicht überliefert. Er muss früh gestorben sein.

3. Ernst von Fürst, der im Gefolge des Herzogs Ulrich auftaucht, ist ein nachfolgendes Kapitel gewidmet.

4. Veit von First wurde am 21. Mai 1481 im Alter von 17 Jahren eingeschrieben (immatrikuliert). Er hatte sich beim Dekan der Fakultät zu melden, seine Wohnung in der Neckarhalde anzugeben und die Wahl der Vorlesungen zu treffen. Veit widmete sich dem fünfjährigen Studium der Rechtswissenschaften. Die Uni war sehr übersichtlich, es gab nur vier Lehrer und – das Maß Wein kostete 1481 nur einen Pfennig!

Noch vor dem Jahr 1493 machte Veit seinen Doktor der Rechte. Dafür hatte er fünf Gulden an Gebühren zu entrichten. Außerdem zahlte er je eine Mahlzeit für alle anderen Promovierenden, gab Handschuhe für jeden Doktor und andere Annehmlichkeiten an die Magister weiter.

Veit wirkte zunächst an der Hochschule und wurde bald zum Rektor gewählt. Als gewandter Jurist regelte der die unzähligen Erb- und Kaufangelegenheiten seiner Familie. Sein Geschick kam dem Kaiser Maximilian zu Ohren, der Bedarf an guten Diplomaten hatte. Dr. Veit wurde zunächst Kammeradvokat und war 1509 bereits kaiserlicher Gesandter am polnischen Hof. Dem nicht genug, erhielt Veit 1511 den Posten des Gouverneurs des Fürstentums von Modena (Norditalien). Fernab der Heimat verkaufte der geschäftige Doktor den Familienbe-

Bedeutende Männer wuchsen am Schloss First (Bildmitte, unterhalb des Roßbergturms) im 15. Jahrhundert auf.

sitz im Ammertal. Auf einer Dienstreise verstarb er im April 1515 in Österreich. „Strengste Rechtlichkeit", rühmte ein Zeitgenosse dem Öschinger nach, „sowie das Talent, auch die schwierigsten Aufgaben bewältigen zu können und sich bei Kaiser und Papst und den übrigen Fürsten beliebt zu machen." Dr. Veit von Fürst „sei eine Zierde und ein Schmuck der schwäbischen Edlen und Gelehrten gewesen".[7]

Quellen/Anmerkungen:

1 Urkundensammlung Gabelkover: 20.10.1445.

2 Am 30.12.1446. Friedlich sollen „auch die Knechte begriffen sein, die auf des Hans Habe sind geritten, uff die Zeit, da Fritz Hansen zu stehen unterstanden und etliche Pferdt entweret hat, der sich Hans von Fürst hierin hat gemechtigt, so ver, dass die selben Knecht der Geschicht und Entwehrung halb berier." 1458 nach Angabe Gabelkovers. Weiterer Streit mit einem Haintz Spät dem Älteren ist für das Jahr 1478 verbrieft.

3 Theodor Schön: Die Gutsherren von Öschingen. O.A. Rottenburg. Reutlinger Geschichtsblätter 1891.

4 Theodor Schön: Doktor Veit von Fürst. Reutlinger Geschichtsblätter 1892, Seite 18ff.

5 Zimmersche Chronik, Band II, Seiten 42–46.

6 Das „Klösterchen" der Dominikanerinnen hat wohl nur kurze Zeit bestanden. Es ist im Umfeld des „Nonnenhauses" zu suchen, heute Parkhaus.

7 Wie unter 4.

Die Jahrhunderthochzeit und der Aufstand der Bauern

Der Öschinger Gutsherr Ernst von First im Gefolge des Herzogs Ulrich von Württemberg

Ulrich war gerade erst elf Jahre alt und Herzog von Württemberg geworden, da verkuppelten ihn seine Vormünder mit der sechsjährigen Sabina von Bayern.[1] Kein Wunder, dass diese arrangierte „Liebe“ früher oder später nicht gut gehen konnte. Wenigstens gelang es Ulrich widerstrebend, seinen Hochzeitstermin bis zu seinem 25. Geburtstag hinauszuzögern. Am 2. März 1511 war es dann so weit. Das Fest, wie es Zeitzeugen beschreiben „hatte an Pracht wenige seines gleichen“.[2]

Ulrich, stattlich gewachsen, blond, mit blauen, feurigen Augen, die Unterlippe etwas hervorstehend, ritt an jenem Tag von Stuttgart aus seiner Braut entgegen. Sabina kam mit einer prunkvollen Kutsche aus Heidelberg. Sie wurde begleitet von ihrer frisch vermählten Schwester Sibylle und dessen Ehemann Kurfürst Ludwig von der Pfalz.

Der Herzog, den man auch „den Mann mit dem krausen Haar“ nannte, war wie seine Zukünftige in Rot gekleidet, „von Gold und Edelsteinen strotzend, mit breitgekrämpten Hut und doppeltem Federbusch, mit silberstossenen Halbstiefeln, goldenen Sporen und kostbar besetztem Degen“. Ulrichs Gefolge war beeindruckend – an die tausend Berittene. Darunter auch, als geladener Gast dieser Jahrhunderthochzeit, der Öschinger Grundherr Ernst von First, Sohn des (im vorherigen Kapitel vorgestellten) Conrad.

16.000 Hochzeitsgäste!

Rennspiele begleiteten und belustigten den Zug auf seinem Weg hinab in die Stadt. „In ihr selbst ging es auf Umwegen in die Stiftskirche, vor welcher Prälaten und Geistliche in langer Reihe aufgestellt waren und an deren Haupttüre der Bischof Hugo von Konstanz, ein Mann von hohem Wuchse und Würde, das Brautpaar empfing. Er steckte der Braut einen vom Herzog ihm übergebenen Ring an die Hand mit den Worten: ‚Wie dieser Ring rund und vor lauterem Golde, so soll auch die Liebe kein Ende haben und die eheliche Treue unverfälscht bleiben‘[3], und sprach den Segen über die Beiden, worauf sie vor dem Altar kniend beteten.

Von der Kirche zog das neue Ehepaar ins Schloss. Es folgte ein rauschender Ball. Am frühen Morgen überbrachte Ulrich im Brautgemach seiner Gemahlin vor Zeugen die ‚Morgengabe‘; 64.000 Gulden, nebst

Der württembergische Herzog Ulrich ließ 1511 zu seiner Hochzeit 136 Ochsen und 1.800 Kälber schlachten. Foto: Kunsthistorisches Museum Wien, 1540.

'Kleinodien und kostbarstem Geschmeide, welche sie kniebeugend hinnahm'. Darauf um acht Uhr gab es abermals einen glänzenden Kirchzug. Alles was im Deutschen Reich Rang und Namen hatte 'verherrlichte die Feier mit seiner Anwesenheit'. Herzöge, Grafen und Herren 'strömten von nah und fern zusammen, von den Insassen des Landes nicht zu reden.' An die 350 Prinzessinnen und edle Frauen wurden gezählt. Die Anzahl der Pferde, die versorgt werden mussten, betrug über 6.000. Über sieben Tage lang waren 16.000 Menschen zu verpflegen.[4] Die Tafeln im Schlosse selbst erglänzten von kunstreichem Silbergeschirr. Ein achtröhriger Brunnen beim Schlosseingang sprudelte für jedermänniglich rothen und weißen Wein."

Katerfrühstück mit 90 Tonnen Heringen

Die Bilanz[5] der Küchenchefs: 136 Ochsen, 1.800 Kälber, 130 Schweine, 570 Kapaunen (kastrierte Masthähne), 5.200 Hühner, 2.759 Krammetsvögel (Wacholderdrosseln) und elf Tonnen Salmen (Fischart). An Gewürzen sollen 120 Pfund Nelken, 36 Pfund Ingwer, 40 Pfund Safran und 35 Pfund Süßholz verwendet worden sein. Die „Katerfrühstücke" nahmen gigantische Dimensionen an: 90 Tonnen Heringe. „Hochzeitsgeschenke flossen von allen Seiten reichlich."

Ernst von First war Oberbefehlshaber einer 800 Mann starken Bürgerwache. Die mit „Trommlern und Pfeiffern aus dem ganzen Land Erlesenen", wurden eingekleidet mit roten, zerschlitzten und gelb unterlegten Pluderhosen und „dergleichen mit Buffärmeln ausgestattet". Dazu hatten sie ein rotes Barett mit weißem Federbusch, Harnisch und Hellebarde zu tragen. Eine Woche lang wechselten sich Turniere, Gastmahle, Tänze und Musik aller Art ab „und brachten die lustigste Kurzweil".

Bei solch einer Großveranstaltung blieb es natürlich nicht aus, dass manche Hochzeitsgäste aneinander gerieten. So demütigte Andreas von Waldburg (Herrschaft Scheer) beim Bankett seinen territorialen Nachbarn, den Grafen Felix von Werdenberg (Herrschaft Sigmaringen-Trochtelfingen), „dessen kleiner Wuchs neben der stattlichen Herzogsbraut auffiel", mit den Worten: „Streck dich, Werdenberg!"

Der „kleine" Felix ließ dies nicht ungesühnt. Er überfiel den arglosen Waldburger mit zehn Vermummten und erstach ihn auf dem Nachhauseweg unterhalb von Hundersingen. Bis 1827 erinnerte die Riedkapelle an den Mord.[6]

Herzog Ulrich hatte schon 1499 den Öschinger Grundherrn Ernst von First mit umfangreichen Gütern belehnt. Ihm also quasi seinen Dienstlohn in Immobilien gezahlt. Dazu zählten auch das Schloss und Teile des Dorfes von Pfäffingen. Das Vermögen des First übertraf das des eigentlichen Ortsherren bei weitem.[7]

Um 1514 war Ernst von First Vogt der Burg Hohentübingen. Die Verschwendungssucht seines Dienstherrn, die dieser bereits mit seiner Hochzeit aller Welt vor Augen geführt hatte, brachte allmählich das Bauernvolk auf. Die Staatsschulden beliefen sich auf über eine Million Gulden. Zum Vergleich: Bayern stand mit weniger als der Hälfte in der Kreide. Das Defizit sollte mit einer Nahrungssteuer wieder ausgeglichen werden. In der Praxis sah das so aus, dass „Fleischer, Müller, Bäcker und Wirte nach verringertem Maß und Gewicht zu gleichem Preis wie bisher verkaufen sollten und für den hierdurch zugehenden Vorteil eine Abgabe bezahlen."

Rebellion des „Armen Konrad"

Nun rebellierten die Bauern.[8] Im Remstal, am Samstag vor Ostern des Jahres 1514, verlangte ein Geselle namens Gaispeter über die neuen Gewichte in einem Gottesurteil zu befinden. Unter Trommelschlag warf er eines davon in den Fluss: „Haben wir Bauern Recht", sprach er, „so fall zu Boden, hat aber unser Herzog Recht, so schwimm empor."

Nun nahm der Aufstand lawinenartig seinen Lauf. Überall kamen die Bauern zusammen. In Upfingen (St. Johann), wie andernorts, riefen die lokalen Rädelsführer: „Allda stand ich und will der arm Konrad heißen und sein."

Trotz Zugeständnissen des Herzogs an sein Volk und vor allem an die Vertreter seines Landes – der dazu einberufene „Landtag" wurde vom unruhigen Stuttgart nach Tübingen verlegt – ging der Widerstand der Bauern weiter. Die Aufständischen saßen in Schorndorf und lehnten den „Tübinger Vertrag" im Sommer 1515 ab.

Ulrich schickte nun Ernst von First als seinen Hauptmann gegen das Widerstandsnest vor. Dieser rückte mit 500 Tübinger und hundert Balinger Soldaten ins Remstal vor, um den Aufstand des „Armen Konrad" niederzuschlagen. Er drang in das Tal vor und besetzte am 1. August 1515 die Stadt Schorndorf: „Sie erschlugen die Hühner, nahmen denen, die für schuldig galten, die Tiere weg, brachen in ihre Wohnungen, plünderten und erfüllten alles mit Schrecken; kurz sie benahmen sich wie fremdes, feindliches Kriegsvolk."[9] Trotz des versprochenen freien Geleits nahm er den Bauernanführer Hans Vollmar von Beutelspach gefangen. Die Mehrzahl der 3.500 Aufständischen hatte das 1.800 Mann zählende herzogliche Heer vertrieben, anderthalbtausend Gefangene setzten sie fest: „Alle Gefängnisse wurden voll gepresst."

Abgeschlagener Kopf am Stadtturm

In Ketten wurden 60 gelegt und „in den heißen Tagen lange ohne Speise und Trank gelassen". Der Tübinger Vogt Konrad Breuning, ein Staatsmann aus der alten Schule Eberhards im Bart, wurde als Ankläger geholt. Auf dem „Wasen" mussten sie anderthalb Stunden vor dem Herzog in die Knie gehen. „Gar viele wurden um Geld gestraft, alle entwaffnet, zum Teil so, dass nur noch das Messer zum Brotschneiden übrig blieb."

Hans Vollmar, der durch Ernst von First festgenommen worden war, und sieben weiteren Anführern wurde unter der Folter das Geständnis abgerungen, sie hätten beabsichtigt, die Obrigkeit totzuschlagen. Über sie wurde das Bluturteil gefällt, was ihre sofortige Enthauptung bedeutete. Als warnendes Zeichen hing man einen abgeschlagenen Kopf an den mittleren Turm der Stadt.

Quellen/Anmerkungen:

1 Horst Carl: Ulrich. Das Haus Württemberg. Kohlhammer, Stuttgart 1997, Seite 103.

2 Zitiert, auch im Folgenden von: Christoph Friedrich von Stälin: Herzog Ulrichs Hochzeit. Aus: Wirtembergische Geschichte, Band 4. Stuttgart 1873, Seite 79ff.

3 Sabina, die eine Tochter Anna und den Sohn Christoph gebar, war ihrem gewalttätigen Mann schon recht bald ausgewichen und wohnte in Urach. Nachdem der Stallmeister Hans von Hutten auf der Jagd im Schönbuch vom Herzog erstochen wurde, weil er das Verhältnis Ulrichs mit seiner Frau Ursula publik gemacht hatte, flüchtet die Herzogin schließlich im November 1515 zu ihrer Mutter nach München.

4 Dass der „Herzog von W. etliche Tage 16.000 Menschen gespeiset" habe, schrieb Joh. Reuchlin, der mit der Logistik beauftragt war. Sattler: Geschichte des Herzogthums Würtenberg und dessen angränzender Gebiethe und Gegenden. Schramm, 1767, Seiten 114–120. Neudecker und Preller: Spalatins Werke, Band 1, Seite 149.

5 Handschrift des ehem. Königlichen Staatsarchivs Nr. 48 B, Folge 273–285.

6 Matthias von Pappenheim: Chronik der Truchsessen von Waldburg, Band 1. Memmingen 1777, Seite 154.

7 Pfäffingen. Der Landkreis Tübingen. Kohlhammer, Stuttgart 1972, Seite 545.

8 Zitiert, auch im Folgenden, wie unter 2. Der Arme Konrad 1514, Seite 92ff.

9 Heinrich Öhler: Der Aufstand des Armen Konrad im Jahr 1514. Württembergische Vierteljahreshefte für Landesgeschichte, 1932, Seite 463.

Vom Steinlachtal an die osmanische Front

Moritz von First im Kampf gegen die Türken

August 1526 – Europa schaut voller Angst auf den Balkan: Sultan Süleyman der Prächtige hat Belgrad eingenommen und marschiert mit einer 100.000 Mann starken Armee Richtung Norden. Der ungarische König Ludwig stellt den Türken 20.000 Soldaten entgegen. Vergebens. Sie werden bei Mohács, südlich von Buda(pest), aufgerieben, „den flüchtenden König begrub das müde Ross in den Fluten"[1]. Nun strömt die Soldateska weiter. An die 200.000 Menschen werden niedergemetzelt oder verschleppt. Der Norden Ungarns (das bis 1686 unter osmanischer Herrschaft bleiben muss), wird zur Grenze zwischen Christentum und Morgenland. Die Verteidigung des Abendlandes fällt nun Österreich zu.

Der böhmische König Ferdinand (Schwager Ludwigs), warb erfahrene Männer für diese Sache. Einen fand er in Moritz von First. Den Neffen des kaiserlichen Botschafters Dr. Veit von First. Auf diesen war er gekommen,[2] weil First sich 1519 an der Seite des Herzogs von Württemberg im Kampf gegen die Bayern einen Namen gemacht hatte. Vom Albrand aus brach von First 1527 in das Leithagebirge auf. Dort, im Osten Österreichs, wurde ihm das Amt des Festungshauptmannes von Eisenstadt zugeteilt. Sechs lange Jahre harrte er erfolgreich auf diesem mithin letzten Vorposten des freien Europas aus. Die Türken belagerten 1529 bereits Wien. Nach dem Waffenstillstand von 1533 würdigte König Ferdinand des Hauptmanns „aufrichtigen, redlichen und getreuen nützlichen Dienst in den Kriegsläufen wider die Türken mit Haltung der Kundschaft, auch Berettung und Besetzung unserer Stadt Eisenstatt." Moritz von First erhielt zur Belohnung die von ihm verteidigte Herrschaft, das Schloss und die ganze Stadt als Pfand übereignet. Hier starb der Öschinger kinderlos im Frühjahr 1552.[3]

Quellen/Anmerkungen:

1 Wikipedia. Die freie Enzyklopädie. www.wikipedia.de.

2 Der Hintergrund ist etwas komplizierter. Moritz von First half als Anhänger dem aus seinem Herzogtum vertriebenen Ulrich bei der Rückeroberung Württembergs. Der wegen „Missmanagement" verjagte Landesherr konnte sich indessen ein zweites Mal nur ein paar Wochen halten. Da ließ auch First von der Sache ab. Württemberg kam nun, 1520, unter österreichische Verwaltung. Dessen Kaiser Karl überließ das Land seinem jüngeren Bruder Ferdinand, dem König von Mähren. 1534 gelang Ulrich die Rückeroberung, wonach er in Württemberg die Reformation einführte. Vgl.: Weller, Württembergische Geschichte, Leipzig 1909, Seite 80.

3 Vgl. Theodor Schön: Doktor Veit von Fürst. Reutlinger Geschichtsblätter, 1892, Seite 21.

Die Familie von First

– Kraft von Firste (genannt 1288) –

– Marquart, Graf von First (1300) –

– Albrecht de Fürst (1343) –

– Betha von Fürst ♥ Heinrich von Heringstain (1356) –

– Marquard von First (1378) –

– Wernher de Fürst (1358, tot vor 1382) –

Wernhers Kinder:

– Adelhaid (tot vor 1399) –
– Mechthild (1406) –
– Ernst (tot vor 1427) ♥ Clara von Grafeneck –

Ernst's Kinder:

– Wilhelm (1439 tot) –
– Hans (1478) –
– Anna (1427) ♥ Hans Gut von Sulz –
– Clara (1466) ♥ Syfried von Riexingen –
–Conrad (1492 tot) ♥ Ursula Swelher –

Conrads Kinder:

– Margarethe (tot 1510) ♥ Wilhelm Böcklin von Entingerthal (tot 1485) –
– Martha (1486, Kloster Lichtenstern) –
– Ernst (tot 1551) –
– Hans der Ältere (1499 tot) –
– Conrad II (1478) –
– Veith (1515 tot) –
– Wilhelm (1492) –
– Ludwig (1494) –
– Kleinhans (tot nach 1508) ♥ Margarethe von Boßenstein –

Kleinhans' Kinder:

– Ludwig der Jüngere (1519) –
– Moritz (starb 1552) –
– Hans Veith –
– Wiprande von First ♥ Bernhard Lyser von Vollmaringen –
– Maria von First –
– Ursula von First ♥ Johann Chr. Wagener von Lehen –
– Rosa von First ♥ Phillip II, Megenzer von Felldorf –
– Hans-Conrad (starb als letzter First 1561) ♥ Anna von Neuneck (starb 1570) –

Am letzten Tag der Menschheit

Wie ein Astrologe von Tübingen aus die Welt verunsicherte

Der Untergang der Welt (Gemälde von Georg Miller, 1830. Sabin Galleries Ltd., London).

25. Februar 1524: An die zwanzigtausend Menschen verlassen London und ziehen auf die Hügel rund um die Stadt. An ihrem letzten Tag wollen sie Gott so nahe wie möglich sein. In Toulouse hatte man bereits damit begonnen, eine große Arche zu bauen. Überall flohen Familien auf die Berge. Der Bürgermeister von Wittenberg ließ sich auf die oberste Bühne seines Hauses mehrere Fässchen Bier tragen. Ganz Europa war in Aufregung. Die Bevölkerung hatte staatliche Schutzmaßregeln gefordert – die Regierungen sollten Flöße bauen[1].

Für diesen Monat hatte der in Tübingen lehrende Astronom Johannes Stöffler von Justingen bereits 25 Jahre zuvor eine riesige Überschwemmung der Erde vorhergesagt. In der Tat: Fast alle Planeten trafen sich zu diesem Zeitpunkt im Sternzeichen der Fische: „Der Gang der Planeten wird sehr wunderbar verlaufen. Im Februar werden zwanzig nicht nur nicht mittelmäßige, sondern große Conjunktionen eintreten, von denen 16 wässerig sein werden. Sie werden fast für die ganze Erde, die Zonen, Königreiche, Provinzen, Stände, Obrigkeiten, die

Johannes Stöffler, genialer, letzter Spross aus dem Gönninger Adelsgeschlecht der Herren von Stöffeln.

Tiere des Feldes und des Meeres und aller Geschöpfe auf Erden eine sichere Veränderung, Verschiebung und Verkehrung bezeichnen, wie sie seit vielen Jahrhunderten von Geschichtsschreibern oder älteren Leuten kaum berichtet ist."[2]

Diese Prophezeiung wurde von den Astrologen am Kaiserlichen Hof mitgetragen, sie verbreitete sich in Europa, Asien und Afrika. Je näher der denkwürdige Tag kam, umso mehr beschäftigten sich die Gelehrten damit, 51 Schriften erschienen allein 1523. Selbst Martin Luther rechnete mit der Möglichkeit, dass der Weltuntergang unmittelbar bevorstünde. Zumal er die Auffassung vertrat, dass „in der römischen Kurie der Antichrist herrsche".[3] Doch nicht alle teilten die Ansicht Stöfflers. Eine neue Sintflut würde im Widerspruch zu Gottes Verheißung im Alten Testament stehen.

Die Kritiker sollten bekanntlich Recht behalten. Jedoch waren sich die Astronomen einig, dass die Sternenkonstellation nichts Gutes verheißen würde. Georg Tannstätter, ein Wiener Gelehrter, der schon den österreichischen Bauernkrieg von 1519 vorhergesagt hatte, sah auch für 1524 „Uneinigkeit und Aufruhr zwischen dem gemeinen Mann und der Pfaffheit ... Die Mönche werden totgeschlagen, die Klöster zerstört werden."[4]

Als der Februar 1524 vorübergegangen war, ohne dass die Sintflut gekommen wäre, wartete man umso gespannter auf die weiteren Ereignisse. Das Jahr hatte schon mit Missernten und Seuchen begonnen. In Stuttgart war es Pfingsten so kalt, dass das Wasser zu Eis gefror.[5] Der Kurfürst Joachim I. von Brandenburg glaubte zu wissen, dass sich Stöffler um ein paar Wochen verrechnet hatte. Er befahl seinem Hof Stillschweigen darüber, dass die erwartete Sintflut erst am 15. Juli kommen würde. Am besagten Tag, so die Chronisten, verließ er mit Familie, Gefolge und der Staatskasse seine Residenz in Berlin-Cölln, als eine Wolkenwand am Horizont auftauchte. Der Hofstaat begab sich auf den außerhalb gelegenen „Kreuzberg" (den „Berliner Ararat"). Auf diesen ging aber nur ein kleiner Gewitterregen nieder. Kurfürstin Elisabeth riet dann bei Einbruch der Nacht, man möge doch wieder ins Schloss zurückkehren. Auf dem Weg dorthin wurden ein Reitknecht und vier Pferde des fürstlichen Wagens vom Blitz erschlagen.[6]

Es war der Vorabend des großen blutigen Bauernkrieges. In dieser Zeit wurde das Sprichwort geprägt: „Wer im 1523sten Jahr nicht stirbt, 1524 nicht im Wasser verdirbt und 1525 nicht wird erschlagen, der mag wohl von Wundern sagen."[7]

Diese Weissagungen waren mittlerweile bis in die kleinsten Dörfer vorgedrungen. So erklärten die Bauern, die sich zunächst in Stühlingen und Waldshut erhoben hatten und ihre Unruhen schließlich explosionsartig auf das ganze Land ausdehnten: „Was wir taten, war lang prophezeit und des Himmelsgestirns Schuld. Gott wollt´ es also haben."[8]

Johannes Stöffler indessen erklärte in einer Rechtfertigungsschrift, er habe nicht vom jüngsten Tag gesprochen, sondern nur von „merkwürdigen Umgestaltungen, deren Art und Weise bei Gott stehe". Bei der Obrigkeit konnte er sich herausreden, weil „Gott das Flehen um Rettung und die Buße der Menschheit erhört" habe.[9]

Berühmtester Professor seiner Zeit

Wer war eigentlich dieser Stöffler? Geboren 1452 auf der Blaubeurer Alb, entstammte er vermutlich als unehelicher Sohn und damit als letzter bekannter Spross dem Adelsgeschlecht der Herren von Gönningen! Er studierte Mathematik, Astrologie, wurde Meister der lateinischen Sprache und beherrschte Griechisch, Hebräisch und Arabisch. Obgleich erst 25 Jahre alt, erhielt er eine Pfarrstelle in Justingen, wurde bald Dekan, fand aber wohl genug Zeit, um zu tüfteln. Er entwarf drei beeindruckende Himmelsgloben[10] und mindestens zwei Großuhren. Eine fertigte er 1469 für den Konstanzer Bischof. Die andere ist die einmalige astronomische Uhr am Tübinger Rathaus, die zuletzt 1993 gewartet wurde und seither störungsfrei und astronomisch genau läuft.[11]

Stöffler verkehrte mit den Großen der damaligen Zeit. Am 16. Februar 1507 besuchte ihn gar der Kaiser Maximilian I. zu Hause auf der Alb. Als „betagter Mann, im 59. Jahr, Lust zu lehrend und zu lernen begierig" zog er nach Tübingen: „Der Herzog Ulrich hat wollen, dass ich meine Pfarrei verlasse und hier ordinarie Mathematica lesen soll. Nun weiß (man), dass nicht leichtlich den Fürsten ihr Begehr abge-

Wunderwerk der Technik: Stöfflers astronomische Uhr am Tübinger Rathaus.

schlagen ist, also hab´ ich auch gehorsamlich willfahrt und meine Pfarr verlassen."[12]

Stöffler, der in der Burse abstieg, wurde erster und damals berühmtester Professor für Mathematik und Astronomie. 1522 ernannte man ihn zum Rektor, er wohnte am Marktplatz, im heutigen Café Pfuderer. Von dort aus konnte er seine Uhr am Rathaus kontrollieren. Ganz im Trend des vorherrschenden Aberglaubens widmete sich Stöffler auch der Heilkunde, insbesondere der Aderlass hatte es ihm angetan. Er konstruierte einen „Aderlass-Mann" mit 53 Zapfstellen: „Mitten auf der Stirn ist Nutz für Augengeschwüre, Schmerzen des halben Hirnschädels und auch für die übergroßen Wehtage des Hauptes (Katzenjammer), Unsinnigkeit und Tobigkeit."

Eine glücklichere Hand hatte Stöffler wohl als Astronom. Letztlich haben wir ihm unseren heutigen Kalender zu verdanken. Seine Berechnungen führten auf dem Trienter Konzil[13] zur Einführung des Gregorianischen Kalenders, der 1582, unter Weglassung von zehn Tagen, eingeführt wurde.

Das letzte Lebensjahrzehnt des Johannes Stöffler war das tragischste. Sein Förderer, Herzog Ulrich, wurde 1519 vom Schwäbischen Bund aus dem Land gejagt. Der 73-jährige Gelehrte war nahe daran, hungers zu sterben. Als 1530 auch noch die Pest ausbrach und die Universität nach Blaubeuren verlegt wurde, schloss sich Stöfflers Lebenskreislauf. Er erlag an seiner Geburtsstätte am 16. Februar 1531 an der Seuche.

Sein Leichnam wurde in der Sankt-Georgs-Kirche in Tübingen beigesetzt: „Hier ruht Stöffler, nach des Lebens Bitterkeiten und Beschwerden. Er erforscht die Regionen beides Himmels und der Erden." Die Wissenschaft setzte dem berühmten Astronomen ein ewiges Andenken: Auf der Südhalbkugel des Mondes wurde ein 145 Kilometer breiter Krater nach ihm benannt.[14]

Quellen/Anmerkungen:

[1] Dr. Jäger: Johannes Stöffler von Justingen. Blätter des Schwäbischen Albvereins, 1893, Seite 101ff.
[2] Stöffler/Pflaum: Ephemeriden (Almanach). Ulm, 1499. Vgl.: Hermann Kesten: Copernicus und seine Welt. Wien 1953, Seite 205.
[3] Gerhard Zschärbitz: Martin Luther. Größe und Grenze. Berlin 1967, Seite 97.
[4] J. Friedrich: Astrologie und Reformation, 1864.
[5] Waltraud Düwel-Hösselbarth: Ernteglück und Hungersnot. Theiss, 2002, Seite 50.
[6] Adolf Friedrich Riedel (Hrsg.): Codex Diplomaticus Brandenburgensis. 1838–1869.
[7] Günther Franz: Der deutsche Bauernkrieg. Darmstadt 1969, Seite 50ff.
[8] Wie unter 7. Zitiert aus: W. Peuckert: Die große Wende, 1948.
[9] Wie unter 1, Seite 102.
[10] Himmelsglobus von Konstanz, 1493 angefertigt, steht gut erhalten im Germanischen Nationalmuseum Nürnberg. Den 1502 in Denkendorf gefertigten Globus, mit dem man die Bewegung der Sonne und des Mondes betrachten konnte, und einen weiteren, in Worms hergestellten, gibt es nicht mehr.
[11] Stadt Tübingen (Hrsg.): Kleine Tübinger Schriften. Die astronomische Uhr am Tübinger Rathaus. 2003.
[12] Wie unter 1.
[13] Das in drei Perioden tagende Tridentinische Konzil von 1545 bis 1563 unter Papst Pius IV. verabschiedete Beschlüsse in Glaubenssachen, deren Umsetzung teilweise erst im 18. Jahrhundert gelangt.
[14] Gedenktafel am Gönninger Rathaus. Entworfen von Fritz und Willy Krauss, initiiert vom Albverein.

Sprung in den Tod

Vom tieferen Sinn der Mädchenfels-Sage

Sagen ergeben scheinbar nicht immer einen Sinn. Bei der Legende vom Mädchenfels, einer der bekanntesten Erzählungen am Albrand, ist das anders; sie klingt offenbar einleuchtend. Die im Laufe der Zeit immer mehr ausgeschmückte Fabel lautete in der ursprünglichen Fassung[1] so:

Der sagenumwobene „Mägdleinfelsen" (mit Blick auf die Eninger Achalm).

„Über den so genannten ‚Mädlesberg' bei Pfullingen gieng einst eine schöne Jungfrau. Da traf sie ein Jäger, der in böser Lust entbrannte; und weil die Jungfrau ihm nicht zu Willen sein wollte, versuchte er, ihr Gewalt anzuthun. Sie ergriff endlich die Flucht; der Jäger eilte ihr nach und trieb sie an einen steilen Felsabhang, wo er sie schon mit den Händen ergreifen wollte. Doch um ihre Ehre zu retten, stürzte sich die Jungfrau kühn in die Tiefe hinab, kam wohlbehalten unten an und gieng weiter. Weil das der Jäger von oben nicht sah, sei er aus Verzweiflung und weil er Gewissensbisse bekommen, hinab gesprungen und fand auf der Stelle seinen Tod und seine Strafe."

In Eningen[2] heißt es ergänzend: „Das schöne Bergfräulein sah man später noch oftmals auf dem Felsen in der Sonne sitzen und mit goldenen Nadeln an ihrem Schleier stricken."

Und die Moral von der Geschichte: Wer zuletzt lacht, lacht am besten, Hochmut kommt vor dem Fall oder Finger weg von jungen Frauen? Natürlich alles falsch. Zunächst muss man wissen, dass sich fast gleich lautende Sagen in anderen Gebirgsregionen Deutschlands mit ähnlichen Felsvorsprüngen finden. Entweder sind die Jäger in den Mittelgebirgen besonders lüsterne Gesellen oder – zu ihrer Ehrenrettung – die Sinngebung der Legende hängt irgendwie mit Bergen zusammen.

Gustav Schwab, Verfasser des ersten Albführers[3], schrieb 1823 über den „Mägdleinfelsen“ oberhalb des Talguts Lindenhof Folgendes: „Die

Ein „Wetterprophet“ der alten Eninger.

breite Platte des Felsens schaut weit in das Thal hinaus, und ist von Tübingen aus ganz kenntlich. Ihre helle oder trübe Farbe gilt den Umwohnern als Vorbote von Heiterkeit oder Unwetter. Man kommt von Pfullingen in einer starken Stunde durch eine Waldschlucht hinauf. Weil der Bergkessel ziemlich weit zurück tritt, ist die Aussicht nicht ganz so offen, wie auf den übrigen Albstandorten, immer aber sehr reizend.“

Im „Universal-Lexikon“[4] von Württemberg (1834) heißt es: „Der Mägdleinfelsen dient den Umwohnern als ein Wetterprophet. Ist seine Spitze in Nebel gehüllt, so kommt Regen; scheint sie klar ins Thal nieder, so kommt schön Wetter.“

Es verdichtet sich im wahrsten Sinne des Wortes die Annahme, dass wir es mit einem meteorologischen Vorgang zu tun haben. Das Mädchen als Synonym für von der Sonne durchleuchteten Nebel. An was sie strickt? An einem Regenbogen! „Wenn feine Wasserdünste aus den Bergen aufsteigen“, sagt eine alte Redensart, „so brennen sie. Darauf folgt Regen. Dieser Dunst heißt Dampf; er strickt den Regenbogen.“[5] Es liegt nahe, das Mädchen als Nebelfigur, als Personifikation des den Felsen umwallenden Nebels zu sehen. Dieses Phänomen der Wolkenbildung ist am Rande der Schwäbischen Alb nicht selten.[6] Sie entsteht, wenn die mit Wasserdampf beladenen südwestlichen Luftströme von den Bergen aufgehalten werden. Einerseits lösen sie sich auf halber Höhe in der von unten kommenden, wärmeren, noch nicht mit Dampf gesättigten Luft auf. Andererseits breiten sich die Wogen auf dem flachen Bergrücken wie ein Tuch aus.

Dann wäre der heranbrausende Jäger nichts anderes als der Wind, der den Nebel (ver)jagen will. Sein plötzliches Auftreten hat sich plastisch in der Sage niedergeschlagen: Überfallartiges Erscheinen, heftiges Ringen, Flucht vom hinteren Teil des Berges und Verfolgung zum Fels mit Sturz in die Tiefe. Da der Nebel im Niederwallen auf halber Höhe verschwindet, ist er folglich im Talgrund nicht mehr zu sehen.

Jungfrau und Jäger entsprechen außerdem zwei Sagengestalten in der griechischen Mythologie: Der heute noch in der Bezeichnung für einen rauen Nordwind geläufige Sturmgott Boreas und die von ihm entführte athenische Königstocher Oreithyia.[7]

Quellen/Anmerkungen:

1 Ernst Maier: Deutsche Sagen, Sitten und Gebräuche in Schwaben. 1852, Nr. 321, Seite 288. In späteren Variationen ist von Nonne und Mönch oder Magd und Hunnenkrieger die Rede.
2 Sagenschatz. In: Franz Georg Brustgi: Eningen unter Achalm. Thorbecke, Sigmaringen 1976, Seite 89ff.
3 Gustav Schwab: Die Neckarseite der Schwäbischen Alb. Stuttgart 1823, Seite 73.
4 Griesinger: Universal-Lexikon von Württemberg, Hechingen und Sigmaringen. Stuttgart 1834, Seite 855.
5 Schönwerth: Aus der Oberpfalz. Teil 3. Augsburg 1857.
6 Laistner: Nebelsagen. Stuttgart 1879, Seite 110ff.
7 Herbert Rose: Griechische Mythologie. Ein Handbuch. München 1961.

„Den Leuten ein Ort des Grauens"

Eine ungeklärte Bluttat am „Mannsperger Kreuz"

„Viele Umwohner begaben sich nur mit Grauen an den Ort ...", erzählte man sich vor hundert Jahren.[1] Ehe die Verbindungsstraße vom Schloss Lichtenstein nach Genkingen 1901 gebaut wurde, waren die hier an der entferntesten Grenze der Oberhäuser Markung gelegenen Güter so billig, dass man 100 Quadratmeter Land für eine Mark kaufen konnte.[2]

Vom heutigen Wanderparkplatz am „Aufberger Loch" führt seit alters her ein Feldweg zur Nebelhöhle, der schon bald nach rechts zum Schloss und zur 1855 durchgeschlagenen Felsgasse abzweigt. Bis 1894 stand unweit der jetzigen Landesstraße, dem Ausgangspunkt dieses Weges, ein Kreuzstein, genannt „Mannsperger Kreuz". Er war etwa achtzig Zentimeter hoch, gehauen aus Neckarsandstein, und hatte zwei beschädigte Arme nach beiden Seiten. Zeitzeugen wollen noch ein Mühlrad und eine Kaminscharre oder -leiter darin eingemeißelt gesehen haben.

Damit lässt sich die Überlieferung erklären, der Stein sei zur Erinnerung an eine Bluttat aufgestellt worden. Ein Müller des Echaztales hätte mit seiner gefüllten Geldbörse die Gier eines Uracher Kaminfegers erregt. Der versuchte Raub habe in einem Zweikampf geendet, bei dem beide Männer zu Tode gekommen seien und an Ort und Stelle begraben wurden.

Für den letzten Teil dieser Sage könnte die Tatsache sprechen, dass am ehemaligen Standort des Kreuzsteins (heute ein Weizenfeld) kein oder nur kümmerliches Fruchtwachstum zu beobachten ist. Es ist aber wahrscheinlicher, dass der Namengeber des Kreuzes ein Angehöriger des Geschlechts derer „von Mannsperg" (also des Totschlägers) gewesen sein muss, der die Errichtung dieses Sühnesteins wie seinerzeit üblich gerichtlich zur Auflage erhalten hatte. Das Familienwappen der um 1536 ausgestorbenen[3] Mannsberger war nämlich ein geschachtetes Schild. Als solches auf dem verwitterten Stein nicht mehr erkennbar, wurde es als Mühlrad und Leiter missdeutet.

Die Mannsberger hatten ihren Ursprung in Dettingen/Teck, wo sie 1287 erstmals erwähnt werden. Von ihrer zweieinhalb Kilometer vom Ort entfernten stattlichen Stammburg samt einem Weiler sind nur noch Wälle und Graben erhalten.[4] Mitglieder der Familie standen in hohen politischen und militärischen Diensten. In zahlreichen Orten unserer Region hatten sie Güter. Bempflingen gehörte ihnen beispielsweise zeitweise zu einem Viertel.[5]

Der Mannsberger Ritter Burkhard führte im Jahre 1388 Soldaten der Reichsstadt Esslingen im Städtekrieg gegen Württemberg[6], ein anderer

Naturschutzwart Fritz Krauß am „Ort des Grauens“. Nur kümmerliches Wachstum ist an der Stelle zu sehen, wo einst das „Mannsperger Kreuz“ gestanden hat.

wurde 1400 Landvogt der österreichischen Herrschaft Hohenberg (heute Stadtkreis Rottenburg).[7]

Vielleicht lässt sich die Nähe des Kreuzsteins zur (alten Vorgänger-) Burg Lichtenstein mit verwandtschaftlichen Verflechtungen erklären. Im 14. Jahrhundert baute ein Zweig der Honauer Familie in Neidlingen/Teck nicht nur eine gleichnamige Burg[8], sondern heiratete in die Familie Mannsberg ein[9]. Es kann sich bei dem Urheber des Sühnekreuzes aber auch um ein Familienmitglied der Edelfreien von Salmendingen handeln. Dort wird 1394 ein Burkhard von Mannsberg als Ehemann der Agate genannt.[10]

Wie dem auch sei. Das „mannsperger crutz“ wird 1481 als Punkt in einer Urkunde[11] zur Abgrenzung eines uralten Jagdgebietes der Herren von Lichtenstein genannt. Neben der „hanower staig“ und der „stuhlstaig“ gehörte das Sühnezeichen bis 1607 zu den am häufigsten bezeichneten Markierungspunkten für die Grenzen des Uracher, Tübinger und Zwiefalter Forstes.

Quellen/Anmerkungen:

1 Jagd in der Gegend des Lichtensteins in alter Zeit. Aus: Blätter des Schwäbischen Albvereins, 1914, Seite 87.

2 Ein Johannes Zimmerer erwarb acht Ar Land um zehn Mark. Wie unter 1.

3 Um 1415 verschwanden die Mannsberger aus der Region, rund zweihundert Jahre später starben sie aus. Vgl.: Schwenkel: Heimatbuch des Kreises Nürtingen, Band 2, 1953, Seite 184.

4 Schwenkel: Heimatbuch des Kreises Nürtingen, Band 1, 1953, Seite 297.

5 Wie unter 3, Seite 112.

6 Wie unter 4, Seite 316.

7 Der Sülchgau, 1974. Rottenburg, Seite 50.

8 Vgl. Kapitel über den Städtekrieg in diesem Buch.

9 Salome, die Tochter eines Hans von Lichtenstein zu Neidlingen, heiratet um 1400 Heinrich von Mannsberg. Aus: Beschreibung des Oberamts Kirchheim, 1842.

10 Schmitt: Burgenführer Schwäbische Alb, Band 5, Westalb. Biberacher Verlagsdruckerei, 1992, Seite 19.

11 „Von der Stuhlstaig heruff uff den Eken umbhin bis gen Hanow uff die Staig und von Honower staig den weg wider hinyn bis zu des Manspergers crutz zu ...“. Urkunde im Staatsarchiv, vom 21.7.1481. Wie unter 1.

Mitarbeit

Man kann noch so viele Bücher über die Wüste, das Gebirge oder irgendeine Großstadt lesen – ohne einheimischen Führer sind Sie vor Ort meist verloren. Nur die „Insider" kennen die besten Wasserstellen, schönsten Aussichtspunkte und besonderen Sehenswürdigkeiten.

Das ist auf der Schwäbischen Alb nicht anders. Ohne Leute mit umfassender Kenntnis von Fluren, Wäldern und Tälern läuft man trotz des Kartenmaterials an den interessantesten Plätzen meist vorbei.

Deshalb konnte auch dieses Buch nur mithilfe eines Teams von engagierten und versierten Laienforschern und Hobbyhistorikern unter Leitung meines Freundes Fritz Krauß zusammengestellt werden.

Allen, die direkt oder indirekt meine Recherchen für diesen Band unterstützt und mich auf Exkursionen begleitet haben, sei an dieser Stelle gedankt:

Walter Brants, Armin Dieter, Rudi Digel, Jens-Florian Ebert, Anja Hornung, Hermann Kinzler, Theo Klein, Christian Lang, Dr. Hans-Dieter Lehmann, Fritz Maier, Hedwig Maurer, Kurt Müller, Herrmann Möck, Ernst-Eugen Nill, Thomas T. Nill, Gerhard Salzer, Karl Schauber, Hans-Martin Schneider, Frank Schüler, Chris Schwarz, Willi Wälder, Thomas Weidinger, Alois Willburger sowie meinem Großvater Adolf Schäfer.

Für die Hilfe zur technischen Umsetzung dieses dritten Bandes danke ich meinen Kollegen vom Reutlinger General-Anzeiger und Nadine

Ein Teil der Heimatforscher. Von links: Fritz Krauß, Gudrun Launer, Ulla Schmitz, Dr. Eberhard Kinkelin, Karl Benz, Willi Walker (hinten), Walter Luz, Lilli Leibßle, Werner Leibßle.

Thomas Weidinger (Herrenberg), Hobby-Forscher und Spezialist für grenzwissenschaftliche Forschungsbereiche der frühen Vorzeit.

Jens-Florian Ebert (Lautlingen), Hobby-Historiker und Militärexperte für die Region betreffende kriegerische Ereignisse.

Weber von Raff digital GmbH in Riederich für das Seitenlayout sowie den Mitarbeitern der Oertel+Spörer Verlags-GmbH+Co., Reutlingen, insbesondere Martin Fuchs für das Lektorat und Eva Masche für die Organisation.

Hinweise, Anregungen und Kritik sowie Anfragen für Führungen und Exkursionen nehme ich gerne entgegen:

Jürgen Meyer
Zieglerstraße 6, 72116 Belsen, Tel.: 07473 271920, Fax: 07473 271921
E-Mail: juergen.meyer.belsen@t-online.de

Nachträge

Im Band „Rätsel der Geschichte“ haben sich trotz größtmöglicher Sorgfalt einige Fehler eingeschlichen. Wir bitten dies zu entschuldigen.
S. 48: Das Foto zeigt keine „Linde“, sondern die alte „Eiche“ von Schlatt.
S. 144: Der Kaisersohn Heinrich war der VII. und nicht der IV.; er war nicht „König“, sondern „Herzog“ von Schwaben.
S. 201: Statt der eingeritzten Jahreszahl „1654“ auf dem Stein im Geheimgang heißt es im Text „1645“. Deshalb ist fälschlicherweise von einem möglichen „im“ Dreißigjährigen Krieg abgeschlossenen Bauabschnitt die Rede. Weil der Krieg aber 1648 endete, muss es natürlich „nach dem ...“ heißen.
S. 201: Die Kaiserliche Kommission wurde bereits 1651 eingesetzt, nicht erst 1654.